Educação para uma sociedade em transformação

Coleção Textos Fundantes de Educação
Coordenador: Antônio Joaquim Severino

– *A reprodução* – *Elementos para uma teoria do sistema de ensino*
  Pierre Bourdieu e Jean-Claude Passeron
– *O homem com um mundo estilhaçado*
  A.R. Luria
– *Do ato ao pensamento* – *Ensaio de psicologia comparada*
  Henri Wallon
– *De magistro*
  Santo Agostinho
– *Psicogênese e história das ciências*
  Jean Piaget e Rolando Garcia
– *Educação e Sociologia*
  Émile Durkheim
– *Educação para uma sociedade em transformação*
  W.H. Kilpatrick

Dados Internacionais de Catalogação na Publicação (CIP)
(Câmara Brasileira do Livro, SP, Brasil)

Kilpatrick, William Heard, 1871-1965
Educação para uma sociedade em transformação /
William Heard Kilpatrick ; tradução de Renata
Gaspar Nascimento. – Petrópolis, RJ : Vozes,
2011. – (Coleção Textos Fundantes de Educação)

Título original: Education for a changing civilization

4ª reimpressão, 2020.

ISBN 978-85-326-4052-9

1. Educação – Estados Unidos 2. Educação – Filosofia
3. Estados Unidos – Civilização I. Título.

10-12662   CDD-370.1

Índices para catálogo sistemático:
1. Educação : Filosofia   370.1

William Heard Kilpatrick

Educação para uma sociedade em transformação

Tradução de Renata Gaspar Nascimento

Petrópolis

Título do original em inglês: *Education for a Changing Civilization*
The MaCmillan Company, 1926

© desta tradução:
2011, Editora Vozes Ltda.
Rua Frei Luís, 100
25689-900 Petrópolis, RJ
www.vozes.com.br
Brasil

Todos os direitos reservados. Nenhuma parte desta obra poderá ser reproduzida ou transmitida por qualquer forma e/ou quaisquer meios (eletrônico ou mecânico, incluindo fotocópia e gravação) ou arquivada em qualquer sistema ou banco de dados sem permissão escrita da editora.

CONSELHO EDITORIAL

Diretor
Gilberto Gonçalves Garcia

Editores
Aline dos Santos Carneiro
Edrian Josué Pasini
Marilac Loraine Oleniki
Welder Lancieri Marchini

Conselheiros
Francisco Morás
Ludovico Garmus
Teobaldo Heidemann
Volney J. Berkenbrock

Secretário executivo
João Batista Kreuch

Editoração: Dora Beatriz V. Noronha
Diagramação: Victor Mauricio Bello
Capa: Maria Fernanda de Novaes

ISBN 978-85-326-4052-9

Editado conforme o novo acordo ortográfico.

Este livro foi composto e impresso pela Editora Vozes Ltda.

SUMÁRIO

Apresentação da coleção (Antônio J. Severino), 7

Apresentação à edição brasileira (Francisca Eleodora Santos Severino), 9

Introdução, 21

1 A natureza da nossa sociedade em transformação, 23

2 As demandas para a educação, 57

3 A educação transformada, 85

Índice, 125

Apresentação da coleção

A história da cultura ocidental revela-nos que educação e filosofia sempre estiveram juntas e próximas, numa relação de vínculo intrínseco. A filosofia sempre se constituiu vinculada a uma intenção pedagógica, formativa do humano. E a educação, embora se expressando como uma práxis social, nunca deixou de referir-se a fundamentos filosóficos, mesmo quando fazia deles uma utilização puramente ideológica. Por isso mesmo, a grande maioria dos pensadores que construíram a cultura ocidental sempre registrou essa produção teórica em textos direta ou indiretamente relacionados à temática educacional, discutindo seja aspectos epistemológicos, axiológicos ou antropológicos da educação.

Esse testemunho da história já é suficiente para demonstrar o quanto é necessário, ainda hoje, manter vivo e atuante esse vínculo entre a visão filosófica e a intenção pedagógica. Vale dizer que é extremamente relevante e imprescindível a formação filosófica do educador. No entanto, a experiência cotidiana revela ainda que, em nossa cultura, no que concerne à formação e à atuação desses profissionais, ocorre uma separação muito acentuada entre a filosofia, como fundamento teórico do saber e do agir, e a educação, como saber ou prática concretos. É evidente que essa prática traz implícitos seus fundamentos filosóficos, sem que deles tenha clara consciência o educador.

Não há dúvida de que, além das deficiências pedagógicas e curriculares do próprio processo de formação desses profissionais, também a falta de mediações e recursos culturais dificulta muito a apropriação, por parte deles, desses elementos que dão conta da íntima e relevante vinculação da educação com a filosofia. Daí a razão de ser desta coleção destinada a reeditar textos do pensamento filosófico-educacional que, por variadas razões, acabam se esgotando e tornando-se inacessíveis às novas gerações de estudantes e profissionais da área. O objetivo desta coleção será, pois, o de colocar ao alcance dos estudiosos os textos fundamentais da reflexão filosófico-educacional desenvolvida por pensadores significativos que contribuíram especificamente para a compreensão filosófica do processo educacional, ao longo de nossa história cultural. Busca-se assim tornar permanente um precioso acervo de estudos de diversos campos científicos, de alcance abrangente para a discussão da problemática educacional, dada a íntima vinculação entre a educação e as ciências humanas em geral.

Antônio J. Severino
Coordenador da coleção

Apresentação à edição brasileira

Mudança social, demandas educacionais e Filosofia da Educação: a proposta de Willian Heard Kilpatrick

Bastante oportuno o relançamento do livro *Educação para uma sociedade em transformação*, pela Editora Vozes, depois de longo tempo fora de circulação. Não é sem motivo que os editores reeditam este trabalho de William Heard Kilpatrick, composto por três palestras que à época de sua publicação, em 1926, constituiu-se em um marco sobre o desafio de pensar a educação para uma nova ordem social, numa perspectiva que inaugurava a crítica ao sistema aristotélico de pensar a educação a partir de uma essência imutável, imposta do exterior, ao indivíduo. O livro é hoje um clássico, tanto do ponto de vista da proposta filosófica inovadora quanto da perspectiva metodológica. Discute as bases de um método do qual o aluno é o principal articulador em suas metas e ações. É leitura obrigatória e um guia prático, para quem quer encontrar novos caminhos para a educação frente às demandas decorrentes das mudanças estruturais que nos impactam e nos impelem a compreender o espaço educativo como campo primordial das lides do ensinar e do aprender, que se estendem para além das propostas curriculares mais imediatas das aulas, constituindo-se um guia seguro para o planejamento pessoal do aluno. A proposta é bastante inovadora, considerando-se o momento em que foi planejada nos primórdios das mudanças estruturais que ainda estavam por vir. Numa linguagem simples e bem articulada, Kilpatrick vai tecendo considerações sobre a necessidade de se rever antigas concepções que cerceavam a educação e que permanecem, ainda hoje, como desafios a serem resolvidos. Sem correr riscos da corrosão do tempo sobre os conteúdos, habilmente tecidos como uma trama de urdidura que encontra a sua matéria-prima na experiência da realidade vivida, os editores perceberam a atualidade do debate que, já em 1926, preocupava intelectuais que seguiam a trilha aberta por John Dewey. Pesquisando novas possibilidades educativas fora dos dogmatismos retrógrados e hierárquicos de saberes produzidos unilateralmente no âmbito das relações educacionais, Kilpatrick é o principal difusor das ideias de Dewey. De fato, a proposta de Dewey de que o ensino deve, sem sombra de dúvida, ter por base atividades que interessem aos alunos e que possuam uma meta de interesse pessoal a ser atingida por eles, foi seguida à risca por William Heard Kilpatrick, autor deste trabalho que oportunamente a Editora Vozes coloca novamente à disposição do público, ávido por discussões que iluminem os desafios de uma sociedade em constante transformação. Fiel aos ensinamentos de Dewey, Kilpatrick apresenta os fundamentos de seu novo método numa proposta conceitual que renova a Filosofia da Educação, até então escolástica e dogmática, rigidamente presa ao pensamento aristotélico. Descongelando a filosofia dogmática do ensinar e do aprender, realizados sem a participação dos alunos e impostos pelos usos e costumes de uma moral retrógrada, ele areja a Filosofia da Educação fazendo do simples ato de preparar uma *carta ofício* ou um *programa de festa escolar* a oportunidade para que o aluno despertasse sua criatividade na experimentação de algo novo. Essa criatividade emergente da articulação entre a experiência pessoal do aluno, sua atividade escolar e a observação empírica dos acontecimentos no tempo e no espaço das mudanças sociais torna o aprendiz agente de seu próprio aprendizado sem, contudo, prescindir da presença e cooperação de seu professor, de seus colegas e de toda a coletividade escolar. Nessa nova perspectiva, o aluno torna-se o construtor de seu futuro quando planeja suas ações compartilhadas no processo de aprendizagem. No contexto das mudanças sociais, ele vê, como exigência histórica, a educação como o campo de ação e aplicação do "pensamento testado" (comprovação científica) e, como tal, a catalisadora das expectativas de todas as áreas do conhecimento. Como condutora do processo de reordenamento social frente aos desacertos, subprodutos da industrialização, cabe à educação discutir e conceituar as novas demandas por uma organização mais equilibrada das instituições, começando por ela mesma e sua organização interna. Assim, cabe à educação a coragem de enfrentar o desafio de jogar fora aquilo que já foi superado. Cabe a ela refletir sobre a relação entre o velho, que ainda não desapareceu totalmente, e o novo, que pede espaço para a sua expansão; cabe a ela discutir a permanência no âmbito da transformação. Se é certo que cabe à educação a condução da reflexão sobre as mudanças estruturais mediante um projeto novo que tem no planejamento científico a sua especificidade, é certo também que é a escola o seu *locus* de experimentação e renovação. Se é certo que as conquistas científicas abriram caminho para novas experiências de vida para os jovens, é certo também que abriu-se um fosso entre eles e as gerações passadas. A necessidade de auxiliar os jovens na compreensão de que devem andar por conta própria a partir de seus próprios recursos leva Kilpatrick a pensar novas formas de ensino/aprendizagem, bem como a novos conteúdos que deem sustentação para o planejamento dessa apropriação. A escola passa a ser então analisada como parte integrante e fundamental do movimento social no bojo da mudança global.

Nesse contexto e no âmbito da educação americana, William Heard Kilpatrick ocupa-se do desenvolvimento e defesa do "método de projeto", algo inovador para a época, conquista pela qual ele é amplamente reconhecido. Na Universidade de Columbia, ele apresenta, descreve e analisa algumas das características centrais do *método de projeto* da nova Filosofia da Educação que deve subsidiar a busca por conceitos mais coerentes com a mudança social, e das novas demandas escolares, espaço no qual se realizará esta nova filosofia que encontra suas raízes no enfrentamento de Galileu com as certezas imutáveis da tradição aristotélica. Proposta arrojada que o torna reconhecido como figura importante na história da educação progressiva. Ele considera ser "evidente as modificações na atitude mental dos jovens, embora ainda não saibamos como identificá-las". Para ele, a atitude mental anterior equivocadamente enfatizava a pouca confiabilidade das faculdades mentais dos homens, motivo pelo qual predominavam o ceticismo e a imposição de verdades preestabelecidas e externas a eles. Todavia hoje predomina uma atitude diferente e os temores do homem são outros. À luz da comprovação científica, o pensamento humano é liberto de suas amarras aristotélicas. Esse esclarecimento é uma das contribuições deste livro.

O livro organiza-se pela articulação de três capítulos que dão sustentação teórico-metodológica para um necessário debate sobre o papel da educação em uma sociedade em mudança. Trata-se da abordagem de temas que ainda hoje nos impactam, desafiam e instigam na busca de soluções para a construção individual e participação cooperativa na vida em processo de mudança global. A conduta e a moralidade, neste contexto, se modificam e exigem mediações, que todos acreditam cada vez mais ser tarefa da educação. Resta aos educadores encontrar um caminho nem sempre fácil, dada a insegurança gestada pela mudança social, que transforme a educação em movimento de busca pela autodeterminação dos sujeitos, cada vez mais conscientes de suas necessidades e compromissos de cooperação e reciprocidade, reconhecimento e identidade.

Assim, o primeiro capítulo discute a natureza dessa transformação. Qual a natureza da sociedade em mudança social? O que se espera dos homens nessa condição de insegurança frente ao novo? Quais são as principais tendências? Uma certeza se apresenta de imediato: o aluno nessa nova condição deve espreitar o novo em busca de condições mais estáveis e inclusivas. É preciso considerar o fator crescimento do pensamento que, liberto de suas amarras pelo pensamento testado (ciência aplicada), exige novas bases e adequações para o descarte do que é velho e abertura de passagem para o que é novo. A autoridade de Aristóteles fora testada por Galileu; no entanto, as implicações filosóficas e metafísicas estão longe de serem alcançadas, embora elas tenham se revelado lentamente.

Desmistifica o pensamento comum e pré-científico no confronto de ideias e conceitos no interior da Filosofia da Educação. Nessa discussão, aponta para três tendências da vida moderna. A primeira é a exigência de mudança de mentalidade. A segunda tendência é a crescente industrialização e mudanças nas suas formas de expressão e a terceira é a democratização. As três tendências estão intrinsecamente relacionadas, e a reflexão sobre uma delas inevitavelmente provocará a emergência dos sinais de mudança na outra. A primeira tendência coloca em pauta a mudança de mentalidade e quem mais imediatamente se mostra disponível para esta mudança é, de fato, a juventude.

Exigência que é o espelhamento das mudanças mais gerais e a juventude é quem melhor espelha essa tendência na apropriação de bens de consumo e conceitos de nova moralidade. Duas considerações se destacam aqui: a primeira diz respeito à divisão da educação em duas direções: de um lado, a educação informal, que se impõe pelos valores, usos e costumes da comunidade, educação que foi proeminente até o advento do "pensamento testado" quando este provocou mudança radical no rumo da educação escolar. De outro lado, o fortalecimento das instituições modernas pela aplicabilidade da ciência fez com que a educação escolar assumisse a importância que tem hoje. A consequência mais imediata disso foi a exigência da mudança de mentalidade que começa a ocorrer pela emergência de novos valores e novos paradigmas educacionais que dessem conta dessa dimensão e, simultaneamente, atendessem os anseios de uma juventude cada vez mais interessada na construção histórica de seu destino. Aqui está a grande contribuição de Kilpatrick para a Filosofia da Educação: ela deverá discutir não apenas os fundamentos conceituais que sustentam a vida nas instituições modernas, mas também deve fundamentar e discutir as dimensões relacionais dos novos homens em construção histórica, o que fazem a partir do seu plano interior, do autoconhecimento das reais necessidades individuais que, com o auxílio de seu projeto pessoal, realizar-se-á no coletivo, na comunidade e na sociedade.

Outra dimensão extremamente cara à nova Filosofia da Educação e que não pode, em hipótese alguma, ser menosprezada, é a dimensão da afetividade que deve mediar as relações professor/ aluno em sala de aula. Aqui aparece, no trabalho de Kilpatrick, a influência de autores como Pestalozzi, Herbart e Froebel. Ele os considerava como verdadeiros representantes dos educadores progressistas, dando especial destaque para o americano Francis Parker, para ele um precursor de Dewey. Foi com Parker que Kilpatrick aprendeu a advogar a capacidade de ajudar os outros a reconhecerem o valor de um sentimento na experiência em educação, ênfase que foi contínua, com o compromisso de fornecer experiência significativa para seus alunos de forma global, incluindo aí as questões da subjetividade. Neste quesito, reconhecia que Dewey contribuiu com uma teoria muito mais fina, muito melhor, e que a teoria funcionou. De fato, mais do que despertar interesses intrínsecos em seus alunos por suas atribuições escolares, o que pretendia era, na verdade, a expressão de um compromisso profundo com a dignidade e respeito pela condição humana, vendo o aluno como autônomo, autodirigindo-se como pessoa a partir de seus projetos e escolhas pessoais. Kilpatrick foi capaz de ampliar sua visão de que não deve haver divisão entre o aluno e o professor, isto é, que deve haver uma relação de reciprocidade entre os dois. Os alunos devem saber que seu professor é o seu advogado.

Acreditando que os temores e desafios do homem moderno são outros, Kilpatrick aposta nessa reaproximação recíproca entre professores e alunos e, com isto, advoga o fortalecimento de que, juntos, eles devem criar as bases para um mundo melhor, mais justo e democrático. Neste processo, a confiança mútua deve se firmar pelo respeito à individualidade e escolhas de cada um, muito embora devam ter a coragem de fazer escolhas e jogar fora o que está velho nas escolas e não funciona mais.

Uma das mais importantes constatações derivadas das mudanças impostas pela industrialização foi a descoberta da interdependência entre os sujeitos historicamente determinados por múltiplas relações. Essa constatação só foi possível após o pensamento ter sido submetido à experiência e, tendo sido testado, comprovou-se a crença de que somente é confiável aquilo que se produz exterior ao indivíduo. Discute então a transitoriedade dos círculos hermenêuticos de compreensão da educação, concluindo que as velhas ideias já não atendem certas necessidades. Definitivamente as mudanças ocorrem cada vez mais rápidas impondo com isto a necessidade de uma filosofia que não apenas reconheça positivamente a mudança como um fato, mas que a inclua como elemento essencial da vida em sociedade. Aqui o autor recorre a Darwin para desautorizar a hegemonia do aristotelismo. Em suas palavras, "a concepção de mudança assumida por Darwin afrouxava todas as barreiras que Aristóteles buscou para confinar a mudança". Kilpatrick aponta três estágios da mudança: primeiro, a transformação da matéria e conquistas de tecnologias; segundo, cidades densamente povoadas e baixa qualidade de vida; terceiro, a mudança está inconclusa, impõe novas adaptações das instituições e da vida familiar uma vez que o descompasso da consciência em relação à nova visão de mundo provoca os descaminhos da moral. O equilíbrio deriva da habilidade de manter a visão moral e a compreensão sintonizadas, de tal forma que se possa acompanhar as mudanças dando ao mundo moderno características diferenciadas. Tal situação apresenta demandas novas e de longo alcance para a educação, considerando-se que as demandas antigas permanecem inalteradas.

Dessa forma, o autor chega à necessidade de verificar quais as novas demandas que permeiam a vida escolar para que se possa descartar aquilo que já foi superado, mesmo que a educação resista às mudanças. A educação deve ser vista como processo e, como tal, passível de transformação. É preciso, então, ensinar a criança a pensar por conta própria. Cabe a ela desvelar que a "essência" está à disposição de todos e que pela sua intervenção ela será modelada. Crianças e jovens já praticam instintivamente essa exteriorização, mas o que fazer com o pensamento retrógrado arraigado nas certezas de seus professores? As crenças arraigadas no pensamento aristotélico terão que ser submetidas à crítica e reconceituadas para preparar as novas gerações. Daí a utilidade do método planejado. As crianças devem acreditar que podem pensar por si próprias o que reverte no crescimento da educação informal. É notável, diz o autor, o florescimento da educação informal e sua similitude em todos os tempos e em todos os lugares. Contudo, de alguma forma, a influência educativa da comunidade mudou. Os níveis institucionais estão mudando em função da ruptura entre família e comunidade. A educação informal afasta-se da família e da comunidade, estendendo-se para além delas e difundindo-se por todo campo social. Por outro lado, a escola passa a ser o lugar primordial onde a vida se processa. Impõe-se que novo princípio filosófico se desenvolva e aceite o chamado para realizar o ensino da nova ciência o que reverterá no aprimoramento da vida institucional. É, pois, esta a primeira demanda que se apresenta: o ensino da ciência. De fato, este é o novo princípio filosófico que emerge na oposição e complementaridade entre o sentido de permanência da tradição aristotélica e a necessidade de novos saberes que darão conta da explicação e adequação das novas formas de vida social. É nesse campo que a educação deve considerar que a sua especificidade é a de trabalhar a diversidade. A especialidade em si deve ser vista a partir de sua amplitude e conexões. A escola deve então trabalhar em duas linhas compensatórias: "O principal interesse individual deve fornecer os meios para olhar a vida em toda sua multiplicidade e conectividade". Deve evitar o egoísmo acentuando a cooperação. Fica claro então que a demanda por democracia implica o declínio do autoritarismo.

A educação enfrenta o desafio de uma reconstrução que deve começar pela revisão de suas disciplinas curriculares haja vista que a velha filosofia perdura. "As demandas agora são que enfrentemos os fatos e pensemos nas implicações que eles nos impõem. [...] Estas considerações significam uma reorganização dos objetivos e dos procedimentos na escola. O currículo e os métodos devem trocar as bases estáticas por bases dinâmicas."

Uma das decorrências mais importantes da mudança geral e movimento social, inerentes à escola, é a capacidade de criticar todas as instituições reavaliando-as a partir de novos valores, que são, na escola, reconceituados à luz das novas necessidades individuais e também da vida coletiva. Nada está livre do escrutínio do "pensamento testado" ou da ciência. "O pensamento testado" serve para dar sentido de inevitabilidade à crítica construtiva tão necessária no processo de mudança global. Essa tendência permeia a atitude intelectual de nosso tempo. O homem agora pode lançar um olhar e perscrutar o novo mundo com olhos modificados. Agora ele pode buscar e explorar o visível e o invisível. "O objetivo do livro é chamar a atenção para essas demandas e para os processos de respostas a elas que já estão em curso."

Parabenizamos os editores e saudamos a reedição de tão emblemática obra que, com certeza, em tempos de globalização e mudança estrutural, trará inestimável contribuição para o esclarecimento de nossos principais desafios no campo da educação e para a compreensão da tarefa que cabe aos educadores nos processos de mudança social. Sem dúvida, ver na escola a vocação de um pensamento e uma ação próprios de movimentos sociais e, ao mesmo tempo, propor o respeito à individualidade de crianças e jovens em construção da própria consciência é mérito inquestionável deste autor cujo pensamento progressivo antecipou com brilhantismo os dilemas que tangenciam a escola e impõem a busca por novos caminhos e métodos.

Francisca Eleodora Santos Severino.
Professora do Programa de Pós-Graduação
em Educação da Unisantos

INTRODUÇÃO

As coisas estão mudando. Quanto a isso todos concordam. Muitas são as reflexões acerca dessa tendência à mudança. A situação é tão complexa que quase toda perspectiva pode, se for o caso, buscar, em contextos gerais, alguns exemplos de mudanças similares e proclamá-los como uma tendência dos novos tempos. Dessa forma, muitos tomam como base o impressionante conjunto de novas invenções e a expressiva produção industrial, com seus consequentes aumento populacional e acúmulo de capital, para anunciar o progresso universal como um fato histórico estabelecido. Outros, incluindo pensadores de diferentes perspectivas, lamentam o aumento dos índices de criminalidade, bem como uma crescente perda generalizada dos valores morais, segundo eles, especialmente entre os mais jovens. Há ainda outros, com mais experiência, que chamam atenção para o fato de que, ao longo da história, muitas foram as críticas das gerações passadas acerca do comportamento das gerações que as sucederam e, nesse aspecto, os tempos atuais não são tão diferentes de épocas anteriores. Diante disso, permanecemos em estado de perplexidade, buscando uma saída, mas sem a certeza de como proceder.

Além disso, se há uma divisão a respeito de como as coisas estão mudando, maior ainda é a diversidade sobre como enfrentar a situação. Toda forma de pensamento, antiga e moderna, está à procura de sugestões. Religião, ciência, teoria política, economia, educação – cada uma em seu campo de atuação –

estão em busca de uma solução. Pelo menos em um aspecto há acordo. Todas desejam usar a educação, desde que tudo o que for possível ser feito seja feito através das gerações futuras, senão por elas. Mas que tipo de educação? Novamente nos vemos diante de uma divisão.

É esta situação complicada que este pequeno livro tenta abordar. Não o problema como um todo, mas uma parte mais simples. A tarefa deste livro é mais fácil, e sua tese pode ser rapidamente apresentada – resumindo: os tempos estão mudando e – pelo menos em parte – como nunca mudaram anteriormente. Essas mudanças dão origem a novas demandas no que diz respeito à educação. E nossa educação deve se transformar para enfrentar a nova situação. Essas três afirmações formam os tópicos que, sucessivamente, serão discutidos nos três capítulos do livro.

1
A NATUREZA DA NOSSA SOCIEDADE EM TRANSFORMAÇÃO

Nossos tempos de mudança

Estamos em tempo de mudanças. O que podemos descobrir no curso dessas mudanças? Na superfície, muitas delas estão em processo. Dentre elas, há algumas tendências específicas que, pelo menos no atual momento, parecem inevitáveis. Nesse contexto, a comunicação incentiva os processos de mudança. Durante muitas gerações, a comunicação tem se desenvolvido não apenas de modo mais rápido, mas também de maneira mais abrangente. Essa tendência, pelo menos no último aspecto, promete ter continuidade. Novamente, a produção industrial avança mais e mais sobre o domínio uma vez ocupado pelo trabalho individual executado pelo cérebro e pelas mãos do homem. Essa tendência promete ter continuidade, certamente se estendendo por todo o mundo e, ao mesmo tempo, exercendo influência até mesmo sobre as inovações. Mais uma vez, a guerra contribui para a inclusão e, em certos aspectos, para a destruição. No caso de outra guerra, muitos são os pensadores de prestígio que temem pela própria civilização. Como nos mostrou o último exemplo, apesar das tendências mais óbvias e factuais, entramos no terreno das controvérsias. Uma tendência que alguns defenderiam é a mesma que outros se oporiam. Na superfície confusa dos acontecimentos, a procura por uma tendência inclusiva parece inútil.

Felizmente, pelo menos a princípio, nossa tarefa nos leva a áreas menos difíceis e de menos controvérsias. A tentativa aqui é ir além dos problemas superficiais. Talvez, se nos aprofundarmos suficientemente, possamos discernir tendências mais estáveis e inclusivas. Dessa forma, essas tendências implicarão considerações mais precisas e, portanto, mais cuidadosas de nossa parte. Se assim procedermos, tais considerações formarão as condições básicas necessárias para qualquer programa educacional que necessite do nosso suporte.

Por onde devemos começar? A palavra "moderno" é frequente em nossos lábios. O que isso significa? Existe uma justificativa para isso? Há algo que possa distinguir o mundo moderno do, digamos, mundo antigo ou medieval?

Uma resposta razoavelmente precisa parece clara

Uma análise detalhada revela um fator que aparentemente explica o mundo moderno, fazendo uma distinção em um nível essencial entre ele e qualquer outro período histórico precedente. Esse fator é o crescimento do pensamento testado, em resumo, da ciência moderna e suas aplicações na vida humana. A ciência moderna através do seu princípio de verificação e teste oferece o fator que parece ser a causa diferencial de como e por que o mundo moderno tem um caráter próprio.

Teste e verificação como uma explicação para o nosso tempo de transformações e mudanças

Teste e verificação. Para alguns, palavras novas. O que elas significam? Para responder, precisamos voltar a Galileu. Foi ele quem, em 1590, apresentou para o mundo esse novo-velho modo de pensar quando, de forma teatral, jogou duas bolas de pesos diferentes do alto da Torre de Pisa. Aristóteles havia ensinado que se uma bola de 2,5kg e outra de 500g forem jogadas juntas de uma determinada altura, a bola de 2,5kg, por ser cinco vezes mais pesada, cairá cinco vezes mais rápido. Isso soava tão natural, tão inevitavelmente verdadeiro, tão próximo ao senso comum que por mais de mil anos ninguém ousou questionar, dispensando a necessidade de colocar tal pensamento à prova. Questionar tem sido uma atitude comum desde a Antiguidade, mas, quando os questionamentos surgiam nos círculos de aprendizagem, eles eram resolvidos, caso necessário, através da argumentação ou da autoridade, não por experimentação. Vamos esclarecer essa questão. O conhecimento real, tanto nos tempos da Antiguidade Clássica como na Idade Média, na verdade, como para os dialéticos, era mais rígido do que o conhecimento na atualidade. É bastante provável que os escolásticos, em particular, tenham desenvolvido tanta lógica e habilidade na prática de modo que podiam apresentar discussões mais profundas e mais abrangentes do que aquelas nas quais os pensadores modernos, em regra geral, são capazes de se engajar. Se o mundo moderno tem alguma superioridade, não é devido à qualidade de sua dialética, mas sim pelo princípio apresentado por Galileu – ou seja, que um pensamento, para ser aceito, deve ser testado através de suas consequências observadas.

Podemos, na imaginação, reconstruir a cena. A autoridade de Aristóteles fora questionada. A disputa estava em curso. Galileu foi convidado pela Universidade de Pisa para realizar o experimento. A Torre de Pisa serviu, simultaneamente, como laboratório e como espaço público de demonstração para que todos pudessem ver. As bolas foram pesadas, arremessadas juntas e, ao contrário do que disse Aristóteles, elas caíram juntas. Um novo princípio na física foi demonstrado, e, o que é mais significante, um novo procedimento foi introduzido na lógica. Nós que conhecemos as consequências desses acontecimentos na lógica podemos supor que não houve nada mais marcante em todos os tempos e concordamos com Whitehead[1] que diz que desde que um bebê nasceu em uma manjedoura, nada aparentemente tão simples causou tamanha revolução. Os que estavam presentes foram convencidos com base na física, embora alguns mais velhos ainda duvidassem. Contudo, parece não haver grandes discussões sobre a mudança nos procedimentos lógicos. É essa mudança, a troca da limitada discussão para o teste das hipóteses através das consequências observáveis, que é aqui oferecida como a melhor chave disponível para a interpretação do mundo moderno.

O teste da teoria através dos fatos observáveis parece, quando apresentado, tão compreensível – tão inevitável – para a mente moderna que corremos o risco de não perceber algumas de suas implicações essenciais e, consequentemente, de não compreender por que esse procedimento não foi aceito antes e mais facilmente. Antes de Platão, pensamento e mente pareciam para muitos uma manifestação superior à sensação e à matéria. Essa postura foi mais tarde recomendada e apoiada pelos líderes da Igreja que, em grande medida, identificavam tal postura com a superioridade moral do espírito sobre a carne. Por conta dessas compreensões unificadas, utilizar as sensações e a matéria para corrigir a mente e o espírito foi uma grande mudança de direção

---

1. WHITEHEAD, A.N. *Science and the Modern World*. [s.l.]: Macmillan, 1925, p. 3.

para Galileu. As implicações filosóficas e metafísicas certamente estão longe de serem alcançadas e não há dúvidas de que essas implicações vêm se revelando aos poucos e vêm sendo aceitas de forma ainda mais lenta.

A aceitação apenas de pensamentos testados leva ao acúmulo de um corpo de pensamento confiável e autorizado. "A natureza é uniforme", até onde somos capazes de dizer; ou seja, condições iguais levam sempre a resultados iguais. Se assim for, consequentemente, se o pensamento pode uma vez ser adequadamente testado ao longo de um procedimento, da mesma forma o teste será mantido igual daí por diante. Sabemos que, certamente, não há um teste final – há sempre a possibilidade de novas análises para obter distinções mais refinadas. Porém, para qualquer conjunto de condições dado, é possível fazer testes tão adequadamente que conclusões confiáveis dentro de limites ficam, a partir de então, disponíveis.

Consideremos a química. Ela muda, mas seus resultados já testados continuam confiáveis. Há algumas gerações, os químicos pensavam que o átomo era o que a palavra implica – os elementos materiais finais dos quais todos os outros elementos eram compostos. Em certo sentido, a ciência da química foi construída com base nesse fundamento. Agora passamos a acreditar que em cada átomo há elétrons quase infinitamente menores, revolucionando sistemas grosso modo análogos ao nosso sistema solar com seu sol e planetas. A desconstrução da teoria atômica destrói a química? Nem um pouco. Certas afirmações teóricas precisam ser repensadas. A química no futuro será diferente por causa de novos *insights*. Mas toda a velha química pacientemente construída pelos testes permanecerá. Na medida em que foi testada nas antigas bases, ela continuará "verdadeira", "atômica" etc. Tudo o que tenha sido bem testado será, dentro dos mesmos limites, considerado verdade. Ainda fazemos ácido sulfúrico da mesma forma de antes. O teste propicia, dentro dos seus limites, resultados que permanecem confiáveis dentro desses limites. O princípio de teste de Galileu levou, a seu modo, a um acúmulo contínuo de pensamento confiável.

Não é simplesmente o acúmulo de pensamento confiável que fez nascer o mundo moderno. Paralelo a isso há a tendência de aplicar esse pensamento para melhorar a vida humana. Não foi sempre assim. Na Grécia, a aplicação era pouco apreciada e pouco experimentada. Atualmente, a tendência à aplicação é quase uma paixão. Algumas de suas características são bastante condenadas em algumas áreas. Porém, não estamos aqui para fazer avaliações, mas para mostrar. Invenções de todos os tipos são, de fato, consequência de várias descobertas científicas. Uma afirmação popular diz que há atualmente mais de 65.000 aplicações da eletricidade em uso. Qualquer que seja o número, a ilustração é clara. O crescimento do pensamento testado e de sua aplicação na vida humana são dois lados correlativos do mesmo fator criativo. Através disso o mundo moderno tornou-se "moderno".

A presença desse acúmulo continuamente crescente de conhecimento não é apenas uma fonte infalível de sugestões úteis para aplicação em todas as novas formas de problemas práticos da vida humana, mas, da mesma forma, o respeito adquirido pela ciência tem, ao mesmo tempo, influenciado amplamente a atitude do homem em relação a si mesmo, bem como em relação à vida em si. Essas considerações, que serão discutidas em mais detalhes, são apenas duas em meio a outras formas de como esse crescimento constante do corpo de pensamento confiável é responsável pelo caráter essencial da vida moderna.

Uma palavra sobre a imprensa gráfica como aliada do pensamento testado não pode ficar de fora. A imprensa gráfica estava, certamente, em uso antes da época de Galileu. Ela representava, como ainda representa agora, o melhor meio de divulgação de ideias testadas ou não. É também verdade que a imprensa, com a consequente multiplicação dos livros, levou quase inevitavelmente à educação universal. Porém, os dois aspectos desse assunto foram, de forma prática, bastante ampliados pelos desdobramentos das aplicações da ciência. A imprensa em si é imensamente mais influente em função do poder da mídia, particularmente em suas novas formas e com as agências de notícias modernas. Mais que isso, deve ser adicionado à imprensa o uso moderno de todos os tipos de imagem, bem como o rádio, antes de analisarmos amplamente de que forma os meios modernos estão disponíveis para a propagação do pensamento. Por sua vez, a educação se faz possível em um nível nunca antes precedente, tanto pelo acúmulo de riqueza característico da Modernidade como também pela demanda apresentada pelo acúmulo do pensamento moderno útil. Além disso tudo, a imprensa e o pensamento testado trabalham, dessa forma, como aliados, cada um ajudando o outro a melhor cumprir sua tarefa.

Por qualquer ângulo que olhemos, veremos, então, as novas evidências do papel desempenhado pelo pensamento testado em oferecer ao mundo moderno suas características diferenciais. Possivelmente essas características são mais de nível do que de tipo. Possivelmente, todas as características são, em última análise, simplesmente de nível. Assim sendo, pode ser que a hipótese da influência dominante do pensamento testado tem em si mesma probabilidade suficiente para garantir nossos estudos futuros sobre o assunto. Vamos, então, questionar quais as consequentes tendências no caso de a hipótese ser verdadeira.

As tendências da vida moderna

Um estudo da vida moderna demonstra três fortes tendências – uma mudança na postura mental, a "industrialização" e a democracia. Essas tendências, consideradas através de uma determinada perspectiva, parecem emergir – pelo menos em grande medida – do pensamento testado o qual vimos discutindo. De certa forma, essas tendências talvez sejam mais verdadeiramente aspectos desse pensamento testado. No mínimo elas têm sido marcadamente modificadas por esse pensamento. Considerando através de outra perspectiva, essas tendências originam demandas bastante definidas em relação à educação moderna.

As observações quanto a essas demandas deixaremos para o segundo capítulo; a conexão dessas tendências com o crescimento do pensamento testado é nossa próxima preocupação.

A atitude mental modificada

Uma atitude mental modificada é evidente em todos os aspectos, embora nem todos nós concordemos em como descrevê-la. A atitude anterior, encontrada igualmente entre as duas grandes divisões da cristandade ocidental, enfatizava a pouca confiabilidade das faculdades mentais do homem; a não confiabilidade de seu pensamento. Sem ajuda exterior, o homem não poderia alcançar conclusões confiáveis. Contudo, se auxiliado de forma apropriada, ele poderia, sem o uso de checagem empírica, construir sistemas oficiais que poderiam ou deveriam ser aceitos. Dessa forma, a crença confiável poderia ser localizada somente fora do homem. Sendo homem, tudo o que ele pudesse fazer para e por si mesmo, seja qual fosse a medida do pensamento, seria considerado com completo ceticismo. O homem "não era confiável para fazer ou mesmo pensar qualquer coisa que fosse".

Seria arriscado dizer que esse velho ceticismo está morto, pois certas manifestações atuais demonstram claramente a sua presença ainda ativa. Mas, certamente, na esfera do pensamento predomina uma atitude muito diferente. Nessa esfera, há uma crença positiva no poder de pensar do homem e em testes para provar que seu pensamento está correto dentro dos limites que esses testes possuem. Há um novo sentido de segurança no método científico. É a partir desse ponto de vantagem que a mente moderna lança seu olhar sobre a quebra do átomo ou questiona a Lei de Newton. Cada um desses casos, ao invés de representar derrotas, são, na verdade, vitórias para o pensamento testado. O método tem adquirido credibilidade através de testes cada vez mais precisos. E, consequentemente, o homem tem se tornado mais confiável.

Em outros tempos, o homem temia o mundo que lhe era invisível, tendo povoado esse mundo com criaturas malévolas, difíceis, senão impossíveis, de serem por ele controladas. Ele temia também o que era chamado de mundo natural por esse mundo se comportar de forma descontrolada, estando em conluio com o poder do mal ou, de alguma forma, sujeito a sua influência. Por mais estranho que possa parecer agora, mesmo os homens mais esclarecidos daquela época acreditavam na impotência do homem, na sua incapacidade de lidar com as dificuldades da vida. Porém, tais sentimentos tornam-se cada vez mais distantes, mesmo para aqueles que professam o contrário.

Os temores do homem moderno são outros e são sentidos de forma diferente. O câncer, por exemplo, ainda está entre nós. Não podemos preveni-lo nem controlá-lo (exceto em níveis limitados). Embora ainda o temamos, o medo é diferente. Temos uma atitude diferente a esse respeito. Por um lado o câncer não é mais completamente "descontrolado" e, por outro lado, possuímos métodos esperançosos de ataque. Temos esperança de, em algum momento, poder controlá-lo.

Uma característica marcante desta nova atitude é a tendência a criticar nossas instituições, com uma inclinação crescente para modificá-las de acordo com os resultados dessa crítica. Mesmo as mentes ordinárias cada vez mais aceitam as instituições como feitas pelo homem, para o homem e, portanto, para serem modificadas, caso se mostrem inadequadas. Nada está livre do escrutínio. A posição extrema está em ver entre certos poetas, romancistas e dramaturgos contemporâneos aqueles que aparentemente determinaram que o povo deve, quer queira quer não, rever suas concepções usuais sobre organização religiosa, sobre a organização da família, sobre a moral em geral, sobre o sistema industrial, sobre a propriedade, sobre a guerra e sobre o próprio Estado. Nada ficará isento, mesmo que seja considerado sagrado por alguns. Tudo será colocado sobre a mesa. Independente do que nós como indivíduos possamos pensar sobre críticas específicas e de como possamos diferir quanto ao mérito das melhorias propostas, a ampla tendência à crítica é suficientemente evidente.

Em relação ao questionamento, é bastante natural perguntar se o presente pensamento, neste aspecto, ultrapassa a tendência similar da época dos sofistas. Os gregos possuíam uma facilidade maravilhosa de pensar. É dubitável que sejamos mais abertamente críticos do que eles, mas a atitude presente é diferente da antiga. O crescimento do corpo do pensamento testado serve para dar um sentido de inevitabilidade a toda crítica inclusiva. Mesmo os que não refletem veem as conquistas práticas da ciência e ficam impressionados. O "progresso" captou a fantasia popular. Podemos admitir que esse tipo leve de pensamento deve ser considerado como um fato sem a necessária aprovação de seus processos. Mais digna de nossa aprovação é a disposição para julgar as instituições com base em suas consequências para a vida. Tal critério não é de nenhuma maneira fácil de aplicar, mas, no mínimo, nos aponta um caminho em direção a um programa, a um plano de abordagem. O valor geral de tal direção será reconhecido por qualquer um que tenha tentado argumentar com alguém que apoie a atitude da Igreja no que se refere à questão do divórcio. Com tal oponente não há uma base comum de ataque. As consequências não resolvem a questão. Contudo, mesmo sendo difícil aplicar um critério, encontrar e avaliar resultados, pelo menos o problema terá se submetido ao pensamento e à experiência.

Parece, assim, claro que a tendência para testar antes de aceitar o pensamento é lenta, mas, seguramente, permeia a atitude intelectual geral do nosso tempo. Nesse princípio o homem encontrou uma nova crença. Ele agora lança seu olhar sobre um novo mundo com olhos modificados, buscando explorar "tanto o visível quanto o invisível." A existência de presenças perigosas não pode ser negada. Algumas dessas presenças podemos abordar mais tarde. Uma delas, que já vimos, é a tendência comum de ficar impressionado com o poder prático da ciência aplicada e a aceitação sem crítica do que pode ser considerado como produto da ciência. Por outro lado, há um ganho imenso na tendência geral de julgar pelas consequências. Em algum nível ou sentido, o homem prático sempre usou esse critério de julgamento, pelo menos no que diz respeito a assuntos não institucionais. De maneira geral, sempre foi ensinado que: as instituições foram "feitas para o homem" e, como árvores, devem ser julgadas "com base em seus frutos". Porém, a manutenção das tradições tem se mantido bastante firme. Somente de forma muito lenta a sacralidade inerente ao passado permitiu ao homem pensar em termos de consequências. Até o momento, são poucos os que parecem ter adquirido a clareza de visão. Lentamente, porém com firmeza, o valor do teste através das consequências vem ganhando espaço. De maneira variada a visão intelectual do homem está sendo refeita.

A industrialização e nosso mundo em transformação

Os resultados sociais da industrialização são tão numerosos, de tão longo alcance e a história tem sido tão bem contada e com tanta frequência que hesitamos até mesmo em tocar na questão. A escolha dos aspectos a serem aqui tratados é, certamente, arbitrária, mas não é feita ao acaso. Algumas características que recebem atenção especial nas escolas são destacadas para serem abordadas.

Uma integração social cada vez maior e o desenvolvimento correlativo na interdependência são um dos efeitos mais óbvios do nosso desenvolvimento industrial. Antes do poder das máquinas, cada vila comunitária era, em grande medida, autossuficiente. Comida, vestuário, moradia – tudo bastante simples, certamente – eram praticamente totalmente adquiridos na região imediatamente mais próxima. Mesmo para os mais ricos, às vezes vivendo nas cidades, a realidade era a mesma, apenas com pequenas exceções de luxo. Diante dessa forma de organização, a família era a célula principal da industrialização, complementada nas cidades pelas associações. Porém, o poder das máquinas gerou mudanças fundamentais. Na fiação e na tecelagem, a invenção da máquina de fiar e do tear levou as famílias para as fábricas. Com o descaroçamento do algodão e o aprimoramento dos meios de transporte, o algodão e a lã eram cultivados na América e na Austrália, transportados em navios por milhares de quilômetros para serem fiados, transportados novamente para serem tecidos, mais uma vez para serem transformados em peças de vestuário e, então, eram distribuídos para a venda por mais de mil quilômetros para milhares de comunidades. Matérias-primas eram trazidas de longe e de perto, mesmo das partes mais remotas da terra, manufaturadas em produtos comerciais que eram, então, transportados novamente por incomensuráveis distâncias para todos os cantos do globo, seja longe ou perto. Dessa forma, cada parte do mundo estava cada vez mais conectada com as outras. O nome desse estado de coisa é, portanto, interdependência. Do mesmo modo, motivadas também pelo crescimento da divisão do trabalho, as pessoa tornam-se cada vez mais dependentes umas das outras. Mais uma vez fica evidente que essas tendências estão em processo de crescimento. A interdependência e a interação crescentes são, assim, aspectos correlativos do mesmo processo social.

A comunicação, o lado intelectual da mesma integração, tem-se aprimorado em grande medida, particularmente no que diz respeito à facilidade e à rapidez da propagação das ideias. Júlio César podia enviar uma carta de Roma para Paris com a mesma rapidez que Napoleão Bonaparte podia enviar uma carta de Paris para Roma. As estradas não eram melhores em um caso que no outro, e os cavalos não eram mais velozes. Dos dias de Napoleão até os dias atuais, quatro meios de transporte surgiram para facilitar consideravelmente o transporte de material escrito ou impresso – o navio a vapor, a estrada de ferro a vapor, o automóvel e o avião; enquanto quatro outras invenções surgiram para minimizar o tempo de transmissão das palavras – o telegrama, o telégrafo, o telefone e o rádio. O que esses meios de comunicação significam para o pensamento pode ser mais bem entendido através da comparação do jornal na época de Napoleão com o que temos de mais avançado nessa área na atualidade. Cada edição matinal do *London Times* ou do *New York Times* traz eventos do dia anterior de todas as partes do globo e é veiculado pelo rádio portátil para qualquer local por mais remoto que seja. O melhor jornal do tempo de Napoleão não conseguiria, por mais que se esforçasse, apresentar uma gama tão diversificada de fonte de notícias – algumas partes do mundo eram literalmente inacessíveis – e ficar disponível nos intervalos das publicações após o fato já ter ocorrido há meses. Podemos sentir a diferença quando recordamos o famoso fato de que, com base no cronograma da notícia, a Batalha de Nova Orleans foi travada quinze dias depois de a paz ter sido negociada. A comunicação, o sistema nervoso da sociedade, se desenvolveu tanto e se tornou tão veloz que, como um aprimoramento correspondente dos meios de transporte e do comércio de mercadorias, o mundo social é verdadeiramente um mundo diferente. E a tendência ainda cresce. O seu fim ainda não pode ser visualizado.

Um resultado dos movimentos aqui discutidos é o crescimento da tendência à agregação. Por fatores econômicos, as fábricas menores se tornam maiores, as fábricas se unem em corporações, as grandes se tornam ainda maiores. Entorno da fábrica cresce uma cidade. As fábricas se multiplicam. As cidades ficam ainda maiores. As pessoas se mudam do interior. A imigração aumenta. Ao mesmo tempo, uma maior produção pode dar suporte a uma população maior. Todo tipo de organização de sucesso cresce. Paralelo a isso, o aquecimento econômico impulsiona o crescimento e, em todos os aspectos, o que já é grande fica ainda maior.

Essa mania de grandeza tende a trazer suas consequências. O indivíduo parece ter menos importância. Como o crescimento das corporações, há um crescimento correspondente da proporção de pessoas que trabalham para outros ao invés de gerirem seu próprio negócio. Dessa forma, dependente de outros, o indivíduo vê essa sua dependência acentuada pelo crescimento das corporações. Há menos oportunidade e menos encorajamento para compreender o porquê das coisas. Cada vez mais, o homem comum acha que seu pensamento diz respeito somente a ele; que sua opinião conta pouco. Sob tais circunstâncias de insatisfação, o ressentimento surge facilmente. Nas questões políticas uma situação análoga confronta o cidadão. Com o crescimento da população com direito de votar, cada um passa a contar menos. É fácil perguntar: "para que votar"? É fácil pensar: "meu voto não vale muito mesmo". A queda no registro de voto de 80% para 50% da população com direito ao voto deve ser considerada na explicação aqui apresentada. Com isso, origina-se a atitude chamada de "fatalismo da multidão" – a crença de que, com uma enorme multidão a ser convencida, o pensamento possui um papel muito pequeno. A responsabilidade pessoal tende a diminuir. O individualismo é uma consequência imediata. Um grande prejuízo passa a pesar sobre a mania de grandeza.

A integração crescente discutida anteriormente tem efeitos de longo alcance sobre a nação. No começo da história da América, o isolamento, a ausência do comércio de mercadorias, a dificuldade de comunicação – tudo isso enfatizava a distância entre as colônias. Mesmo a bem-sucedida Revolução deixou os estados em situação pouco amigável uns com os outros. Felizmente, a Constituição por fim promulgada entregou o comércio interestadual a um controle central. O potencial de integração foi, assim, desintegrado. Enquanto a população e o comércio cresciam, com os meios de transporte e comunicação tornando-se mais e mais abrangentes, com o tempo a nação – apesar da guerra separatista – foi-se aperfeiçoando. O Estado, antes tão proeminente, passa a desempenhar um papel pequeno no pensamento da maioria. A integração crescente fez o seu trabalho. Ela vai parar por aí? A nação é a última área em que a integração pode atuar? Seguramente não. Não há nada mais verdadeiro do que o fato de que o comércio e a comunicação ultrapassam as fronteiras nacionais. Onde quer que esteja a humanidade, lá haverá integração potencialmente em processo. Essa integração se tornará real? Terá continuidade? Não há razão para que o processo deva parar. A aplicação do pensamento ao processo de invenção, somada à diversidade dos recursos naturais – juntos contribuem para o crescimento constante e a diversidade da indústria. Por sua vez, isso significa um comércio mais e mais diversificado, acompanhado do desenvolvimento da comunicação e resultando em uma integração sempre em crescimento. A alfândega e as restrições comerciais podem, em alguma medida, retardar o processo, mas não podem pará-lo. A não ser que a civilização desmorone, a integração promete ter continuidade. O rumo das relações internacionais é evidente. A nação torna-se cada vez menos isolada e cada vez mais relacionada a outras. Problemas irão surgir. Eles devem ser resolvidos. Cedo ou tarde deve surgir um mecanismo compartilhado para a solução de problemas comuns. Além disso, só a guerra, a lei da selva; e a guerra, em um mundo suficientemente integrado, é um suicídio. A industrialização leva à integração social e o crescimento da integração implica efeitos de longo alcance.

A tendência democrática

A terceira das tendências modernas mais marcantes é a que chamamos de democracia. Não devemos fixar especial atenção em seus aspectos governamentais, posto que se trata de um movimento bem mais amplo. São muitas as ideias constituintes que se unem para compor o todo. A mais profunda talvez seja a ideia de que cada indivíduo deve contar como pessoa e assim deve ser tratado. Mais que isso, o mundo, suas instituições e seus recursos pertencem ao homem e existem em função do homem – para desenvolvê-lo e representá-lo. Por fim, um homem só se torna verdadeiramente homem em sociedade. Dessa forma, cada um deve ser desenvolvido e representado de tal maneira que signifique, simultaneamente, o desenvolvimento e a representação de todos, todos juntos, sem que uns sejam mais capazes à custa de outros.

Essa tendência democrática é, das três tendências discutidas, a que está menos enraizada na aplicação do pensamento testado. De fato, alguns defendem a oposição mútua entre democracia e industrialização, mas isso parece ter como base alguns equívocos. Democracia é essencialmente vida, vida ética. É bem verdade que a indústria moderna fez surgir problemas difíceis para a democracia, mas esses problemas são igualmente problemas para a civilização, para a vida em si. Como já foi dito anteriormente, não se discute que o homem deve aprender a controlar a indústria ou a indústria controlará e sufocará o homem. Porém, é fácil perceber que a indústria moderna tem certas fases em que, se não houver controle e direção, rejeitará as demandas da democracia e derrotará a própria vida.

Conforme está sendo concebida aqui, democracia é o esforço para a construção de uma sociedade com base na ética, sendo a ética um meio para que todos, na medida em que sejam progressivamente contemplados, possam se desenvolver e serem juntos representados. Apesar da ditadura, do proletarismo e do capitalismo; apesar do egoísmo monopolítico onde quer que seja encontrado, parece seguro afirmar que o homem não ficará permanentemente conformado com qualquer regime social que fundamentalmente negue a democracia como algo essencial. A tendência é bastante profunda. Qualquer ajuste que não tenha como base a "igualdade" configurará um equilíbrio instável. Até onde sabemos, a democracia oferece o único programa capaz de merecer um apoio permanente.

Resumindo o progresso feito até agora, temos considerado o pensamento testado como o mais significante e único fator a fazer do mundo moderno o que ele é. Vimos o pensamento testado em ação na reconstrução da atitude do homem moderno. Vimos que, através da industrialização, o pensamento testado modificou as condições da vida moderna. Vimos a democracia como uma demanda prática fundamental da ética moderna. Consideraremos a partir de agora dois resultados bastante significantes de todas as questões precedentes; duas tendências especialmente fortes no presente que originam demandas de longo alcance para a educação. Essas duas tendências são o declínio do autoritarismo e a mudança na nossa visão de mundo.

O declínio do autoritarismo

Autoritarismo não deve ser confundido com autoridade. É possível que o contraste entre autoridade externa e autoridade interna esclareça essa diferença. A autoridade, propriamente dita, é a regra ou o programa que a inteligência aceita quando observa a situação "como ela é", sem preconceito. Tal autoridade é inerente ao curso do processo em si e, vista de tal maneira, torna-se interna, aceita como algo natural. O autoritarismo é a prática da redenção à autoridade tradicional; a aceitação inquestionável da autoridade que exige submissão, não dando razão a mais nada a não ser suas próprias afirmações. Tal autoridade, quando exercida, é estranha; "externa" para aqueles a quem é imposta. Alguns exemplos históricos ilustrarão essa diferença.

Houve um tempo em que reis governavam autocraticamente, por meio do "poder divino", como frequentemente afirmavam. Tal poder era concedido do "alto" e era imposto ao povo. Era externo a ele. Após um longo tempo, foi promulgada a doutrina de que "os governos obtêm seus poderes do consentimento dos governados". Com base nisso, as regras se tornaram mais internas. No que diz respeito às leis, elas se tornam verdadeiramente internas na medida em que, de fato, expressem a condição necessária para uma vida justa e, ao mesmo tempo, sejam aceitas e compreendidas por aqueles que devem obedecê-las. Nos últimos anos é possível observar uma mudança geral, pelo menos nos sistemas de governo, de uma autoridade de base francamente externa para uma autoridade de base interna. Nesse contexto, o autoritarismo tem diminuído nitidamente.

Em relação ao conhecimento, houve um tempo, na Idade Média, em que a autoridade de Aristóteles era enorme; em que suas declarações explícitas eram suficientes para resolver uma série de questões para muitas pessoas. Se era Aristóteles ou a tradição que na verdade estava sendo aceita pouco importava; em ambos os casos, havia uma autoridade externa. Dessa forma, quando Galileu, tendo inventado o telescópio, encontrou manchas no sol, alguns conservadores ficaram muito perturbados. O sol, por ser um corpo celestial, era considerado espiritual. Aceitar que um corpo celestial e espiritual possui defeitos tem como consequência uma reconstrução nada bem-vinda do pensamento. Alguns se recusavam a olhar. Outros olhavam e se defrontavam com a ideia perturbadora. Diante dessa situação, um conservador mais velho falou para um dos que se sentiam perturbados: "não fique alarmado. Acalme seus temores. Li Aristóteles três vezes e em nenhum momento ele menciona manchas no sol". Esse é um claro apelo à autoridade externa. Galileu, no entanto, apelou para a única autoridade interna pertinente. "Veja você mesmo. Não acredite apenas nas minhas palavras." O pensamento moderno, cada vez mais, constrói suas bases na autoridade interna. Assim, mais uma vez constatamos que o autoritarismo caminha para a sua morte.

O campo religioso, apesar da negação polêmica, demonstra, em alguns aspectos, a mesma tendência. Houve um tempo em que a autoridade externa da Igreja era suprema. Sua decisão resolvia no que se devia acreditar. Algum tempo depois, uma parte considerável da Igreja renunciou sua autoridade pela autoridade da Bíblia. Exceto pelo fato de a Bíblia precisar ser interpretada, isso significou a substituição de uma autoridade externa por outra. Em alguma medida, porém, se houve interpretação, houve também um apelo à autoridade interna. Sabatier[2], em seu conhecido livro, distingue três autoridades na religião: as duas já mencionadas e a terceira que ele chama de "autoridade do espírito". Podemos notar essa autoridade, talvez com mais clareza, em muitos que adotam abertamente, na medida em que conhecem e acreditam, a segunda posição. Para esses, a Bíblia é, teoricamente, exatamente a palavra de Deus e os leitores de fé devem aceitá-la na íntegra. Mas nada é mais comum entre os mais religiosos do que dar preferência a certas passagens da Bíblia em relação a outras – o Novo Testamento ao invés do Velho; alguns salmos ao invés de outros; lendo e refletindo especialmente o Sermão da Montanha; certos capítulos do Evangelho segundo João e outras passagens do tipo. Sem explicações especiais sobre o que estão fazendo, eles decidem dar um peso maior às palavras que respondem à maior parte de suas necessidades. Assim, eles aplicam à sua vida religiosa pessoal a autoridade interna, a "autoridade do espírito" de Sabatier. Não é propósito deste livro entrar nessa polêmica. É preciso, no entanto, destacar que, no que diz respeito à religião, muitos são os que, atualmente, estão adotando a autoridade interna como sua única autoridade. Para eles, em alguma medida, o progresso histórico da religião vem provocando um deslocamento sucessivo do ponto extremo da autoridade externa, posição ocupada pela Igreja, passando por uma combinação entre autoridade interna e externa, como o que observamos na interpretação pessoal da Bíblia, para, por fim, alcançar uma posição abertamente interna de autoridade, aceitando como religiosamente verdadeiro aquilo

---

2. SABATIER, A. *Religious of Authority*. Vol. III. [s.l.]: Doubleday, 1904.

que mais profundamente atende às necessidades religiosas de um indivíduo. Considerando o contexto histórico dos últimos mil anos, parece verdadeiro que esse deslocamento de posição no campo da religião está também relacionado como o afastamento de um autoritarismo extremo para adoção de bases da autoridade interna.

Para nós, possivelmente, o mais significante exemplo de mudança de posição é o que está ocorrendo sob nossos olhos durante as últimas décadas. A referência é à moral. Parece verdadeiro afirmar que os pais ensinavam a seus filhos o que é certo e o que é errado com base na autoridade. Eles podiam dizer que certas coisas eram erradas porque a Bíblia dizia que era ou porque a Igreja assim ensinava. Ou então usavam as palavras da moda: "porque é assim". Apesar de tomados como verdade absoluta, o certo e o errado eram, de maneira geral, baseados no que diziam os livros, a Igreja ou os costumes. Os pais ensinavam e os filhos aceitavam. É verdade, evidentemente, que os filhos não obedeciam sempre ao que era certo, recusando o errado. Porém, se assim o fizessem, no geral reconheciam, se fossem pegos no erro, que haviam errado. O padrão era admitido, apesar da escolha por não considerá-lo.

Porém, algo mudou em relação a isso. Velhas ideias já não atendem a certas necessidades. Discussão e comportamento seguem linhas de conduta antes enfaticamente rejeitadas. E o que é mais significante, perguntas que buscam saber o porquê de determinadas condutas passam a ser feitas. Ouve-se uma garota dizer para as outras garotas de seu grupo: "Bem, eu vou. Se meu irmão pode ir para certos lugares, não vejo razão para que eu não deva ir, por isso, eu vou". Na juventude da mãe dessa garota era suficiente dizer: "garotas de família não frequentam determinados lugares. Simplesmente porque não é correto". Provavelmente essa garota ouviu a mesma coisa, mas agora as palavras parecem chegar a ouvidos surdos. Os tempos mudaram. O voto, o cabelo curto, a minissaia são símbolos de uma nova liberdade, uma liberdade que permite perguntar por que e exige uma resposta antes que algo seja aceito.

O que provocou essa mudança? Para as mulheres, a resposta imediata pode ser encontrada em meio a uma massa de fatores relacionados – educação, o movimento pelo voto, a biologia científica, a educação física, as colônias de férias, o cinema, o romance moderno, a psicanálise, a guerra, o cigarro, o automóvel, o declínio da vida em família, o trabalho remunerado para as mulheres, a democracia, o declínio do autoritarismo religioso. Alguns ou todos esses fatores, sem dúvida, fazem parte. Atrás de tudo isso ou em meio a tudo isso está a nova visão já discutida. A velha tendência fundamental de aceitar a autoridade externa foi questionada. E assim, dizer que, através da evolução e de um forte senso crítico, inaugurou-se essa atitude modificada para questionar a velha autoridade verbal é, de fato, muito simples e óbvio. Entre os mais bem educados raramente surge uma voz que defenda essa velha autoridade, muito menos por parte do clero mais esclarecido. O teste do pensamento passou a exercer influência por duas vias, uma voltada para a desconstrução da velha autoridade da Bíblia, e outra para difundir o hábito de perguntar *por quê*. Nem é necessário supor que a maioria das pessoas está consciente de sua nova atitude ou de que elas, conscientemente, possuem uma nova atitude em relação a algum assunto. Uma difusão geral será suficiente. Os pais da geração atual simplesmente não pensam sobre a vida e a religião da mesma maneira como pensavam seus antepassados; e agora os efeitos desse movimento já se espalharam pela juventude.

E quanto à perspectiva, a visão de mundo? A resposta imediata não é clara. A moralidade autoritária possui uma simplicidade aparente a esse respeito que a moral inerente parece não possuir. Na medida em que a tradição era unificada, era fácil dizer aos mais jovens o que era errado, embora parecêssemos ignorantes quando um "por que" real nos remetia à tradição. Quando, contudo, o assunto era questionado e não tínhamos como apelar para a tradição, mas precisávamos buscar uma base real, então facilmente tropeçávamos. Nós, da velha geração, não estamos acostumados a usar algo como base de conduta que não seja a tradição. Então, ficamos perdidos. Seria cômico, se não fosse trágico ver o quanto nossos jovens são mais confiantes do que seus pais em relação ao que devem fazer. Parecemos espectadores de um movimento que está além de nosso controle. Uma mãe disse da mania que garotos e garotas, no caso suas duas filhas e seus amigos, têm de se apertar desordenadamente dentro dos carros: "quando eles se apertam desse jeito, eu viro minha cabeça para o outro lado". Outra mãe falou sobre o que seu filho lhe contou acerca de como os jovens em idade escolar se divertem: "o que ele me contou fez arrepiar o meu cabelo, mas eu não deixei ele perceber senão ele não confiaria mais em mim". Esse desamparo, possivelmente, todo pai sente o tempo todo. Talvez os pais sempre tenham se sentido assim. Não há, então, nada a fazer, nada a ser dito?

Se aceitamos a linha geral em que esta discussão vem sendo conduzida até aqui, muito provavelmente isso significa que o que estamos enfrentando não é apenas a velha desconfiança que os mais velhos sempre sentem em relação à nova geração, mas que há algo mais além disso. Aparentemente, nos tempos atuais existe um questionamento da autoridade externa em relação à moral por parte da juventude como raramente notado anteriormente. Nosso problema, então, parece ser ajudar nossos jovens a fazer a mudança de uma autoridade externa para uma autoridade interna. A discussão de como isso deve ser feito se dará posteriormente. Certamente, o perigo é que a mudança será apenas *da* autoridade externa e não *para* uma base de autoridade interna. Em outras palavras, o perigo é que, por um tempo, nenhuma autoridade será obtida; haverá um intervalo de caos moral.

De certa forma, esse caos já é esperado como um efeito natural da desistência de uma base, mesmo que inadequada, até que se encontre uma melhor. Mas a situação está longe de ser considerada sem esperança. Há, de fato, alguns sinais de que a maior inadequação no presente é a dos pais mais do que dos jovens. Em relação aos jovens, embora haja muito com que se preocupar, também há muita coisa positiva. Muitos jovens estão pensando com mais seriedade sobre situações polêmicas do que seus pais jamais o fizeram. Com a perda de uma prudência inocente, alcançou-se um enfrentamento mais verdadeiro dos fatos. Aparentemente, há um ganho amplo e genuíno em termos de franqueza e abertura que, na verdade, significa ganho em termos de honestidade. Alguns alarmistas falam muito do crescimento da permissividade moral e da delinquência juvenil, mas os dados para uma comparação são difíceis, senão impossíveis, de coletar. Em alguma medida, pode-se até ser cético em relação à alegada inferioridade moral das futuras gerações. Porém, ao contrário do que foi previamente sugerido, se adotarmos uma visão mais ampla, observaremos que a juventude parece estar mais bem orientada do que as antigas gerações. O autoritarismo entrou em decadência, mas, garantida uma liderança inteligente o suficiente, a perspectiva para o futuro é de uma moral melhor e mais refinada.

Mudança inerente e cada vez mais rápida

As mudanças têm acontecido tão rapidamente desde a guerra, que muitos clamam por uma pausa; por uma desaceleração do processo para que possamos, por assim dizer, tomar fôlego. O que se espera com essa desaceleração? Com a guerra ficando cada vez mais no passado, a velocidade com que as mudanças ocorrem irá diminuir? É difícil dar uma resposta curta para essa pergunta, mas podemos responder de forma mais elaborada se buscarmos a principal causa das nossas mudanças sociais.

Qual a causa das mudanças em nossos modos de vida? A resposta parece clara; a causa principal é o grande número e a variedade de invenções práticas que o mundo tem visto. Na última metade do século XVIII, todas as mais importantes aplicações da eletricidade, com exceção do telégrafo, foram colocadas em uso prático. O motor de combustão interna foi concebido, tornando possível, assim, o advento do automóvel e do avião. O número de invenções significantes dessa época é grande demais para ser listado. Certamente, é verdade que nenhum outro período precedente na história da humanidade vivenciou algo parecido. Em termos de invenções importantes, o século XVIII tem mais crédito do que os mil anos que o precedem; e, nesse contexto, a última metade desse século ultrapassa a primeira metade. Esse grande número de invenções colocado à disposição no mundo moderno mudou nossa condição de vida e, consequentemente, mudou nosso comportamento.

Qual seria, então, o prognóstico? O ritmo das mudanças desacelerará ou aumentará? Para responder precisamos projetar no futuro a causa dessas mudanças. Se as invenções causam mudança social, qual a causa das invenções? A resposta para essa pergunta é clara: as invenções se originam no corpo de pensamento testado. As invenções irão, então, aumentar, diminuir ou permanecer as mesmas? A resposta parece ser uma só. Na medida em que a civilização permanecer estável, e os homens continuarem curiosos e interessados como agora, o pensamento testado se acumulará. Um corpo sempre crescente de pensamento testado, cada vez mais bem testado, significa mais e mais descobertas no campo da ciência, de modo que a rede crescente de pensamento testado parece estar em progressão geométrica. O crescimento no corpo do pensamento confiável significa crescimento no número de invenções. Crescimento no número de invenções significa crescimento da mudança social. Se a estabilidade e o nível de interesse da civilização não mudarem, o ritmo da mudança social será sempre mais rápido. O argumento parece completo.

A filosofia da mudança

A mudança social promete crescer tão rapidamente que talvez este seja o momento histórico de maiores mudanças. Há algum tempo, o ritmo das mudanças era tão lento que a filosofia e a moral podiam, em grau essencial, ignorá-las. Esse tempo parece, contudo, ter passado. A mudança parece ter se tornado muito óbvia, muito inclusiva. Nossos jovens enfrentam claramente um futuro desconhecido. Não ousamos fingir que as velhas soluções serão suficientes para eles. Parece que precisamos ter uma filosofia que não apenas reconheça positivamente a mudança como um fato, mas que a inclua como um elemento essencial.

O problema filosófico da mudança tornou-se importante desde os gregos. Heráclito foi o primeiro a reconhecer tal importância, dando à mudança um lugar essencial em seu sistema, mas a tendência principal era outra. Várias provas foram oferecidas de que qualquer movimento era impossível. Platão, aparentemente, preferiu negar a mudança. Ele negou qualquer tipo de mudança em relação à realidade. Aristóteles, que se orientava mais pelos fatos, dizia que a mudança deve ser concebida através de um reconhecimento mais definido. Ele encontrou a solução do seu problema na Biologia. A mudança é o crescimento em direção a um objetivo fixado previamente, por exemplo, a semente que se transforma em um tipo de carvalho ao atingir o seu pleno crescimento. Dessa forma, Aristóteles buscou conciliar a mudança com a imutabilidade. A semente em si é um carvalho *em potencial*. O carvalho em seu crescimento pleno é o carvalho *real*. A mudança seria, assim, o processo através do qual a potencialidade torna-se realidade. Porém, as espécies de carvalho permanecem sempre as mesmas por todas as inúmeras sucessões de sementes de carvalho se transformando em carvalhos.

Pela postura de Platão diante da mudança, não nos surpreendemos ao observar que ele estava profundamente interessado na fundação de um estado social que pudesse se manter permanente. Para esse fim, ele sugeriu banir a mudança de sua república. Nem mesmo as cantigas de ninar infantis deveriam se sujeitar à mudança, sob pena de que seus cidadãos, ainda crianças, se acostumassem com a ideia de que a mudança é permitida e, ao se tornarem adultos, permitissem mudanças até mesmo na Constituição. Não nos surpreende que Aristóteles, de maneira análoga, acreditava em um Estado feudal que, para sobreviver, deveria manter a mudança confinada em limites. Quem quer que queira resguardar certos valores, seja de uma dinastia ou de uma doutrina, de uma hierarquia ou mesmo de uma ordem feudal, imune a qualquer mudança, deve dar preferência a uma filosofia como a de Aristóteles ou a de Platão que, no mínimo, confina os fatores de mudança a severos limites preestabelecidos. Mais uma vez, não nos surpreenderá observar que a Idade Média, com o feudalismo e uma igreja autoritária para promover a manutenção e a defesa de seus valores, adotava o Aristotelismo como sua filosofia oficial.

Através da escolástica, este Aristotelismo penetrou na urdidura e na trama do pensamento ocidental. Herdamos de Aristóteles quase todos os termos que usamos para expressar o pensamento exato e quase todos eles, através de uma doutrinação sutil, nos comprometem com pressupostos fundamentais de Aristóteles. O fato de não estarmos atentos a esse processo o torna mais difícil de ser combatido. Foi nesse estado de coisas que o livro *A origem das espécies* de Darwin foi lançado. O clamor que surgiu em oposição, embora direcionado contra certas implicações teológicas, é provavelmente melhor interpretado como a representação de um conflito entre filosofias. Para Aristóteles, as espécies eram fixas, imutáveis, "espirituais" por natureza; e essa pressuposição estava embutida na essência do seu sistema. O próprio título *A origem das espécies* era, assim, um ataque frontal. A concepção de mudança assumida por Darwin afrouxava todas as barreiras que Aristóteles buscou para confinar a mudança. Se novas espécies estavam surgindo, o que seria do futuro? Não há quem possa dizer o que pode acontecer. Nas palavras surpreendentes de James, a tampa do universo foi retirada. O futuro ainda está por ser determinado. Seja em que área for, nenhuma formulação prévia será aceita. Todas as certezas anteriores são questionadas.

Não é difícil supor que tanto Darwin como seus oponentes observaram todas estas implicações. Porém, as implicações estavam lá, prontas para serem formuladas, e as pessoas pareciam, de repente, perceber o que não viam claramente. É certo que qualquer um que se sentir motivado a defender, a qualquer custo, uma formulação fixa, seja de que forma for, deve, por defesa própria, atacar a doutrina da mudança aqui vista como associada à teoria de Darwin. A mudança darwiniana balançou as estruturas do interesse investigativo de todo tipo. Não precisamos, para os propósitos que aqui nos propomos, aprofundar essas questões teóricas. Certos problemas imediatos já são suficientemente atrativos. Se as coisas irão mudar, então, cada vez mais rapidamente, dois problemas urgentes surgem imediatamente: a civilização está apta a permanecer estável em meio a essa mudança crescente? Como devemos preparar nossos jovens para enfrentar um futuro tão incerto? Adiaremos o problema educacional para tratá-lo de forma ampla em todo o resto do livro. Já o outro problema, referente à estabilidade social, daremos atenção agora.

É possível a estabilidade social suportar esta mudança sempre crescente? Se o ritmo da mudança aumentar sem limites, não haverá, necessariamente, um tempo em que, por fim, a mudança será tão rápida que a sociedade se desintegrará? Possivelmente sim, mas, novamente, deixemos de lado um problema teórico remoto para dar atenção a um mais imediato e, portanto, mais urgente e, possivelmente, ao mesmo tempo mais tratável.

Vários escritores[3] nos familiarizaram com a concepção de descompasso social. O progresso raramente é uniforme. A tensão se origina de fontes desiguais e assim se mantém. Para o tema de que estamos tratando, talvez o melhor exemplo disso seja quando, através das invenções mecânicas, novos modos de vida são introduzidos e a visão sociomoral reguladora e o comportamento não acompanham a mudança gerada por esses novos modos de vida. Dessa forma, podemos afirmar que a industrialização mudou drasticamente a vida social americana, mas nossa visão legal e moral, em geral, permanece, em grande parte, a mesma de quando a vida era amplamente rural e baseada na agricultura. Se as invenções mecânicas virem com uma frequência sempre maior, e nossos modos de vida mudarem de acordo com elas, certamente nossa visão moral deverá ser acompanhada de outras mudanças; caso contrário, a sociedade sofrerá enormemente. Não são poucos os pensadores respeitados que acham que já estamos sofrendo com isso. Nossa visão moral e nossa compreensão mostram-se praticamente desiguais às novas situações que vêm surgindo. Parecemos, por exemplo, incapazes de alcançar uma compreensão suficiente acerca da questão trabalho-capital. Nas reivindicações trabalhistas, não temos mecanismos sociais suficientes que garantam que a justiça e os direitos sejam amplamente considerados. Frequentemente, a postura dos que estão em disputa é a de forçar; de coagir o outro a fim de que ele passe para o lado que se deseja. Essa é a lei da selva. Na verdade, uma forma branda de guerra, muitas vezes difícil de acalmar os ânimos até para as autoridades judiciais do país. Nas questões políticas somos igualmente infelizes. Se colocarmos a culpa nos políticos, nos eleitores, nos

---

3. Cf., p. ex. OGBURN, W.F. *Social Change*. [s.l.]: Huebsch, 1923, p. 200ss.

estadistas ou em nossa constituição, o resultado será o mesmo. Nossos mecanismos políticos, da forma como funcionam, não dão conta de suas novas tarefas. Nossos mecanismos legais nitidamente também não estão à altura das demandas sociais. Nesse contexto, a opinião dos especialistas no assunto nos diz que estamos tentando, em nosso país, operacionalizar a nação com um aparato legal do século passado.

Esses exemplos de descompasso, alguns escolhidos entre muitos, ilustram o estresse criado na vida social moderna pela rapidez crescente da mudança a fim de alcançar o progresso "material". Nesses exemplos podemos ver o fracasso do intelecto e da moral em sua tentativa de solucionar adequadamente nossos problemas cada vez mais numerosos. Esse perigoso estado de coisas promete piorar, a não ser que algo nos motive a fazer do intelecto e da moral parte da nossa cultura, acompanhando mais de perto o progresso material.

O que deve ser feito? Um exemplo de outra área pode sugerir a estratégia. Um pião não só se mantém em pé como também resiste ao esforço de empurrá-lo. Quando o seu movimento cessa, ele cai. O movimento em si é o que lhe dá estabilidade. Na bicicleta vemos uma analogia ainda mais clara a essa situação. Para mantê-la em pé, precisamos fazê-la andar. Não podemos encontrar aí um "movimento de equilíbrio" análogo para os nossos acontecimentos sociais? Considerando esses exemplos, podemos distinguir em nossa situação social três estágios de mudança. Primeiro, a transformação da matéria comum resultou em melhor iluminação, melhores meios de transporte, melhor saneamento. Todas essas melhorias nos levam a um segundo estágio que são as cidades modernas e sua enorme população vivendo, em sua maioria, em apartamentos – condições que, de uma maneira ou de outra, provocam efeitos ruins na vida familiar. O terceiro estágio da mudança, que nós ainda não concluímos, consiste na adaptação satisfatória da vida familiar às novas condições que a cercam.

Ao considerarmos esses três estágios da mudança, a maioria das pessoas nesse país pensa em mudança como algo impossível ou indesejado, a fim de obstruir ou o segundo, ou o terceiro estágio. As invenções e seus usos têm, como um todo, sido aceitos e encorajados. Há, com certeza, aqueles que tentam resistir a essas invenções e seus usos, mas a influência dessas pessoas é, geralmente, bem limitada e, em grande medida, esse esforço contrário acaba não dando em nada. Porém, não é bem assim com o terceiro estágio da mudança. Quando se trata de mudar a até então costumeira visão moral e social, não importa o quanto possa parecer inadequada, a oposição demonstra ser poderosa. A inércia sem sentido parece quase tão efetiva quanto a oposição consciente. Uma característica triste é que a consciência quase sempre está aliada com o descompasso da visão. Até o homem bem intencionado muitas vezes direciona sua energia moral de forma a aumentar esse descompasso. Se existe alguma coisa como equilíbrio social em movimento; estabilidade social dinâmica, seria algo que consiste em disposição e habilidade para manter a visão e a compreensão moral e social acompanhando as mudanças sociais introduzidas em outras áreas. Ajudar a obter e a manter esse equilíbrio dinâmico; ajudar a desenvolver a visão e a compreensão moral necessárias – esta, claro, é a obrigação maior de um sistema educacional eficiente.

Resumo e conclusão

Assim, concluímos, até aqui, que o fator essencial que cria e explica o mundo moderno e dá a ele uma característica diferenciada é a presença do pensamento testado e suas aplicações nos acontecimentos da vida humana. Isso muda não apenas nosso modo de viver, mas muda, possivelmente, nossa perspectiva mental. Nós pensamos, agimos e sentimos de maneira diferente por causa das diferentes condições em que a vida se passa. Mas isso não é tudo. O corpo do pensamento testado cresce e promete crescer ainda mais rapidamente, até em proporções geométricas. Se assim o for, e o argumento a favor disso é forte, então, as mudanças que hoje presenciamos são pequenas em comparação com as que estão por vir. O fato dessas mudanças serem permanentes e cada vez mais rápidas introduz no mundo um novo e extremamente difícil problema. O avanço material da civilização ameaça ultrapassar nossa capacidade social e moral de lidar com esses novos problemas. Um resultado significativo já aparece. Nossa juventude já não aceita o moralismo autoritário. Devemos desenvolver, então, um ponto de vista e criar um sistema educacional correlativo que considere adequadamente uma mudança sempre crescente. Caso contrário, a civilização em si estará ameaçada.

2
As demandas para a educação

Uma nova situação

Nossa civilização em processo de mudança certamente apresenta demandas novas e de longo alcance para a educação. Algumas dessas demandas já existiam antes, mas, até agora, se apresentavam mais em linhas gerais do que em detalhes específicos. Antes que possamos chegar a conclusões adequadas quanto ao tipo de educação de que se precisa, é necessário analisar com mais detalhes as demandas apresentada à educação em função do aspecto mutável da nossa civilização. É preciso estar alerta para o fato de que talvez seja necessário que se dê atenção às novas demandas introduzidas pelos novos acontecimentos e por um novo estado de mudança. Muitas demandas antigas permanecem substancialmente inalteradas. O fato dessas demandas não serem mencionadas não significa que elas não sejam consideradas.

Nossas escolas e como elas têm se tornado o que são

A educação existe desde os tempos mais remotos. Esse empreendimento original existia para passar para os mais jovens os costumes dos mais velhos. Podemos imaginar um tempo anterior a qualquer forma de escola em que as crianças aprendiam conhecimentos necessários para agir em diferentes situações por participação e imitação. A menina devia ajudar a mãe e, portanto, deveria aprender como fazê-lo. Dessa maneira incidental, conhecimentos e habilidades domésticos eram perpetuados. O menino observava os homens e os meninos mais velhos e aprendia a caçar, a pescar, a lutar, conforme fosse o caso. Cerimônias tribais eram presenciadas e vivenciadas. Nesse momento, a introdução à cerimônia tornou-se em si uma cerimônia e a escola, em sua essência, surgiu. A introdução às cerimônias, então, tornou-se função da escola, cabendo a ela a iniciação dos mais jovens nas cerimônias tribais e no comportamento a elas correspondente. Frequentemente, as lendas tribais também eram transmitidas. Essa escola, se assim podemos considerar, consistia em os mais velhos passando formalmente para os mais jovens algumas partes escolhidas da cultura tribal.

Assim, bem no início das escolas, houve uma divisão na educação. Uma parte podia ser tranquilamente deixada sob a responsabilidade da família e de esforço não planejado; outra parte demandava atenção específica, com tempo e lugar determinados. A parte mais antiga, até bem recentemente, continuava a se dedicar a muito do que sempre se dedicou: a linguagem do cotidiano, os deveres domésticos, meios de vida, condutas morais e sociais e os costumes aprendidos através do simples processo de vivenciar a vida em grupo. Essa educação não só era próxima da vida, mas era também, de fato, parte integrante da vida. Se, por alguma razão, o grupo mudava de alguma forma seu comportamento, essa parte da educação responderia imediatamente, pois seu processo tinha como base exatamente o processo da vida. A outra parte, o tipo mais institucional de educação, foi, desde o princípio, mais formal. Sendo uma instituição consciente, facilmente se transformou em uma instituição autocentrada. Os conteúdos curriculares, uma vez desenvolvidos, poderiam assim permanecer por conta própria mesmo que sua função original imediata já não mais existisse. Por exemplo, uma tribo de índios americana possuía uma canção para determinada cerimônia cuja letra deixou de ser entendida. A tribo, por força das circunstâncias, abandonou essa velha língua por uma nova. A canção ainda é usada nas cerimônias, porém sua função tornou-se absolutamente convencional. Embora o exemplo possa parecer extremo, uma tendência semelhante tem sido frequente na história do currículo escolar.

A separação na educação escolar entre os processos da vida imediata e os processos educacionais leva facilmente a uma institucionalização da escola no sentido negativo do termo. Essas duas tendências têm sido seguidas pelas duas vertentes do currículo escolar original: a da cerimônia religiosa e a das lendas tribais. Quando a escrita foi inventada, as lendas tribais podiam ser escritas. Essa invenção, somada ao crescimento do pensamento, levou ao crescente acúmulo do material literário. Consequentemente, o dever da escola tornou-se ainda maior, não apenas por ter que ensinar a ler e a escrever, mas, em especial, por ter que transmitir a cultura literária acumulada. No momento em que um conteúdo adequado para novas instruções havia sido desenvolvido e que gerações sucessivas de professores já estavam acostumadas a trabalhá-lo, a cristalização tornava-se um fato. A mudança era difícil, mas isso não era tudo. Na medida em que um currículo ampliado requisitava um tempo de aula ampliado, somente os poucos favorecidos podiam ter acesso a ele – a maioria tinha um acesso restrito que se resumia a pouco mais do que a educação informal de casa e da vida comunitária. Assim, escolaridade e liderança caminham juntas, sendo manifestada, com frequência, uma tendência em destacar os fatores externos dessa educação exclusivista e de como ela, de certa forma, ao mesmo tempo determina os líderes e recruta os subservientes[4]. Outro objetivo original da escola – a introdução dos jovens à cultura moral e social (política e religiosa) do grupo – a leva, igualmente, à institucionalização e ao tradicionalismo. Como já foi colocado, é exatamente nesse ponto que o conservadorismo de qualquer grupo se torna mais pronunciado. Os defensores da estabilidade da opinião do grupo sempre viram a escola como o principal meio de perpetuação dessa estabilidade de opinião; e a escola é, indubitavelmente, um meio poderoso, se direcionada para esse propósito. Três vertentes de tendência se somam, assim, para tornar a escola "conservadora" e "convencional": primeiro, a inércia do próprio sistema, a tendência natural para um institucionalismo convencionalizado em todas as instâncias; segundo, a influência de fatores externos ao aprendizado que – dando ênfase a esses fatores – facilmente se vincula àquilo que, em certa medida, tornou-se meramente um material convencional; e, terceiro, a possibilidade de usar a escola para fixar na juventude opiniões e atitudes desejadas – uma possibilidade da qual os "conservadores" sempre tiram vantagem para si. Essas três tendências têm dado suporte e fortalecido as necessidades umas das outras, por assim dizer. Até recentemente, a escola, resistindo à mudança, tem sido um baluarte contra a mudança social.

Não seríamos fiéis aos fatos se deixássemos aqui a impressão de que todas as escolas ainda hoje representam uma frente inabalável contra a mudança. Há mais de um século, muitas

---

[4]. A "escola pública" inglesa, com seu "discurso diferenciado de escola pública" e outros sinais externos, é frequentemente apontada como uma ilustração desse exemplo; mas estaríamos completamente cegos se não conseguíssemos encontrar bem próximos a nós outros exemplos como esse.

adaptações podem ser percebidas, além de uma maior plasticidade do pensamento como um todo no que diz respeito às adaptações necessárias. Por fim, as sugestões a serem feitas no que diz respeito a um programa educacional são, em grande medida, baseadas nas tendências observáveis. Porém, por mais que já tenha sido feito, muito ainda se tem a fazer. Até agora, as mudanças têm sido aceitas a contragosto. Se o argumento apresentado no capítulo anterior for aceito, as escolas não só devem acompanhar as mudanças já efetivadas em nossa vida social; mas, mais que isso, nossa teoria educacional fundamental deve ser reconstruída a fim de incluir como elemento essencial e determinante o reconhecimento do fato de que a mudança é rápida e crescente. Isso ainda não foi aceito adequadamente como a base necessária para o gerenciamento de nossas escolas.

A necessidade de nossas crianças pensarem por conta própria

Parte da visão reorganizada da educação diz respeito a abrir mão de se sentir no direito de moldar o pensamento das crianças. Provavelmente, a maneira mais comum de se conceber a educação é considerá-la como o processo através do qual adquirimos nossas formas de comportamento. Isso, certamente, se considerarmos o termo "comportamento" em seu significado mais geral, a fim de incluir atitudes e crenças, bem como as formas mais externas de resposta.

Originalmente, as crianças adquiriam as formas de comportamento da tribo, sendo obrigação dos mais velhos verificar se o aprendizado havia sido eficiente. Tanto a educação formal quanto a informal, até pouco tempo, possuíam o mesmo ponto de vista. Educação seria, então, o processo através do qual os mais experientes, responsáveis pela situação, determinavam o que a nova geração deveria pensar e fazer. Os pais não tinham por que duvidar do seu direito e dever de determinar o futuro moral e intelectual de seus filhos. Muitos programas declaradamente patrióticos assumiam, sem questionar, esse direito. Essas pressuposições são, portanto, a contrapartida da, até então, dominante filosofia aristotélica de que nada mudará a essência. O conhecimento dessa essência está, segundo essa teoria, à disposição do homem. Dessa forma, já se sabe o que as crianças devem aprender e esse conhecimento já está de posse dos pais ou, em alguma medida, de posse dos que serão responsáveis pela educação das crianças. Esse direito dos pais, ou de outros autorizados, de determinar o que as crianças devem pensar deve ser essencialmente revisto. Diante da nova realidade, em que as mudanças são cada vez maiores, não podemos, como estamos tentando fazer, predeterminar o que nossas crianças precisarão pensar, na medida em que, com a nova filosofia da mudança e sua nova ética, os que, no presente, possuem autoridade, não possuem mais esse direito. Nosso dever é, portanto, preparar a nova geração para acreditar que pode pensar por si própria e, em última instância, pode até rejeitar e rever a forma como pensamos no presente. As crenças que escolhemos terão que suportar esse desafio. Se essas crenças possuírem valor suficiente, é provável que sobrevivam a esse teste. Se não resistirem a esse teste, a probabilidade é de que não devam sobreviver. Tão logo abrimos a tampa do universo, nossa necessidade de impor nossas conclusões aos nossos filhos desaparece. Devemos dar liberdade a nossas crianças para que pensem por si próprias. Agir diferente significa não apenas se negar a aceitar os fatos acerca do futuro desconhecido e mutável, mas é, ao mesmo tempo, negar a democracia e sua demanda fundamental de respeito ao próximo, e isso inclui nossas próprias crianças.

A inadequação da velha educação

Antes de fazer uma abordagem acerca das novas demandas, é interessante resumir as acusações contra o modelo educacional até então em voga. Essa velha educação se diz responsável por preparar para a vida adulta. Nesse aspecto, a falha é dupla. Ela não prepara para a vida adulta atual e ignora a vida adulta futura desconhecida. Ao invés de preparar para a vida como é agora, a educação, ao contrário, frequentemente ensina apenas conteúdos ultrapassados e meramente convencionais. Isso tem sido feito, em parte, porque sua teoria educacional tacanha tem-se recusado a se ajustar às demandas reais do presente; da mesma forma, porque, estando atrelada a interesses sociais egoístas, a educação tem preferido as indicações convencionais de aprendizado, a fim de prestar um serviço à sociedade e, por fim, em parte porque, diante do risco de um equívoco prejudicial, tem-se dado preferência à manutenção do descompasso sociomoral em relação à nova situação social. Ao invés de se preparar o melhor possível para um futuro desconhecido e mutável, essa velha educação tem, efetivamente, dado preferência a que o futuro seja igual ao presente. Enquanto o progresso era tão lento que cada nova geração enfrentava quase as mesmas situações que seus pais, ajustes pontuais às situações quase invariáveis podiam, pelo menos nesse aspecto, serem defendidos. Porém, quando mudanças cada vez maiores se processam de forma tão ampla quanto agora, os ajustes a situações estáticas são, na verdade, um desserviço que em nada ajudam. Mais que isso, devemos buscar ajustes que transformem a educação. É a ideia de estabilidade móvel que deve guiar nossos esforços. Dessa forma, a educação estará, no mínimo, enfrentando os problemas do novo mundo. Por conseguinte, ao velho e limitado estoque de conteúdo, que deveria sobreviver de uma geração para outra, devem ser adicionados certos métodos e posturas mais generalizados que sejam especialmente adequados para lidar com novas situações e todos devem estar, tanto quanto nos é possível prever, preparados em conformidade com as demandas da nova situação.

As demandas educacionais da nova situação

Tendo, assim, diante de nós, uma noção geral tanto dos defeitos da velha educação como uma previsão da nova, devemos, antes de considerar os detalhes dessa nova educação, questionar mais precisamente quais são as demandas especiais que surgiram com a nova situação.

A primeira demanda pendente surge do fracasso crescente da parte informal da educação. Desde a era industrial, a educação informal, originada do simples fato de viver em família e em comunidade, floresceu com notável similaridade e eficácia entre todos os povos e em todos os tempos. Porém, com o advento das condições industriais modernas, houve uma grande mudança, claramente observada em nosso país. A história é antiga, mas merece ser contada aqui. A família, enquanto agente econômico, tem mudado drasticamente e sua influência na educação tem, consequentemente, sido reduzida. A velha família, complementada pelos vizinhos e pelo trabalho, respondia por quase todos os processos industriais. Esses processos se deslocaram, um a um, para a fábrica, até que, pelo menos na cidade, os filhos de pais bem-sucedidos passaram a ter pouco conhecimento direto dos processos econômicos essenciais e, o que é ainda pior, passaram a ter pouco contato com seus pais. O pai, provavelmente, passa o dia fora no trabalho, a criança passa grande parte do dia na escola e, à tarde, nas brincadeiras. No fim da tarde, com frequência, as "atividades escolares" (que os pais raramente ajudam) ou a televisão, completam essa história de relações não cooperativas. Evidentemente, se a mãe trabalha fora de casa, a situação é ainda mais desfavorável. Na pior das hipóteses, a casa se reduz mais e mais até ser apenas um lugar ao qual indivíduos isolados retornam para dormir. Na melhor das hipóteses, ela é muito mais que isso. Porém, na maior parte das vezes, o lar não tem a influência econômica que possuía como um agente para introduzir a criança nas atividades industriais; ou para dar a ela noções básicas dos processos socioeconômicos ou mesmo para ajudá-la a construir atitudes sociomorais cooperativas e hábitos que deem mais valor à vida social.

De alguma maneira, a influência educativa da comunidade mudou. Por um lado, existe hoje um número muito maior de estímulo à diversão do que antes, com efeitos educativos variados, alguns bons e outros ruins. Por outro lado, processos sociais essenciais, econômicos, políticos ou sociomorais são muito menos visíveis do que antes. Os sinais de "não permitido" são, assim, o símbolo de que a vida moderna está fechada para os questionamentos da juventude. Considere o leite, por exemplo, e veja como, para uma criança da cidade, uma parte do processo está completamente separada da outra de forma que raramente é possível visualizar o todo. À medida que as coisas se tornam mais complexas, ficam também mais isoladas em partes separadas e, em sua maioria, fora do campo de visão, o que dificulta a compreensão do processo como um todo. Sem compreensão, a simpatia essencial e o entendimento mútuo são quase impossíveis; a perspectiva social é difícil e, consequentemente, aumenta a propensão ao individualismo.

Esse fracasso dos agentes educacionais atinge tipos e níveis variados e aumenta a responsabilidade da escola. Com os pais cada vez mais distantes da vida social dos filhos, a escola e outros agentes diretos devem assumir mais e mais a obrigação de conviver com as crianças. Deve-se, assim, dar ênfase à convivência. A velha escola (em nosso país) era nitidamente complementar. A vida se passava em outros lugares; a escola proporcionava o aprendizado de certos conhecimentos e habilidades. A escola agora passou a ser, cada vez mais, um lugar em que a vida se processa. Apenas através da experiência vivida é possível aprender como viver melhor. O que alguns chamam equivocadamente de "modismos" é, na verdade, o esforço inicial da escola, possivelmente ainda apenas tateando, para oferecer esse elemento à vida da criança. Somente se a escola for baseada na vida real, certos hábitos e atitudes sociomorais necessários serão construídos e certos métodos e abordagens necessários para a resolução de problemas serão desenvolvidos. Os níveis e tipos instrucionais estão, assim, mudando em função da ruptura entre a família e a comunidade.

Nossas pesquisas, as novas demandas para a educação serão, possivelmente, facilitadas se considerarmos a perspectiva do capítulo anterior, uma vez que ele tenta retratar a situação com a qual nos deparamos.

As demandas para o ensino de ciências

O pensamento testado penetrou na vida moderna trazendo consigo exigências e oportunidades. Se a ciência pode acompanhar tais resultados, nós, certamente, não podemos deixar de utilizar as possibilidades desse novo princípio filosófico. O chamado para o ensino das ciências não é novo, porém o pensamento racional deve questionar nosso sucesso atual em responder a esse chamado. Ainda há muita superstição. A ciência moderna possibilitou a construção de estruturas de grande altura, mas que, paradoxalmente, se recusam a ter décimo terceiro andar, oferecendo, com isso, uma lição que a educação não pode ignorar. Se alguém achar que tal superstição é apenas uma diversão inofensiva, é bom que procure conhecer a nossa lei de patentes de remédios, bem como as práticas cada vez mais comuns como a quiropraxia. Pense, então, em Dayton, Tennessee e no vasto número dos que não aprenderam a testar o pensamento e também não aceitavam o procedimento como sendo fundamental. Nós ainda não sabemos como ensinar ciências. Devemos aumentar o ranque dos que avançaram em pensamento. Temos que aprender como aplicar o pensamento testado nas ciências sociais para aprimorar nossa vida institucional, se porventura pudermos, em uma medida compatível com o nosso sucesso no domínio das ciências "naturais". Além disso, a grande maioria que nunca irá aderir a esse tipo de pensamento deve aprender a ver, compreender e, em alguma medida, seguir o método científico. No mínimo, deve aprender a ver e compreender o suficiente para acreditar no método científico e não fazer dele pouco caso como hoje é feito com frequência. Devemos aprender a ensinar ciências com sucesso.

A demanda por um pensamento crítico

Se o desenvolvimento da ciência significa, como parece ser, uma tendência cada vez maior a criticar e questionar instituições até então aceitas, imediatamente isso requer que a educação aprimore, se possível, a habilidade de julgar. Caso contrário, a destruição pode prosperar em detrimento da construção. A propagação das ideias se dá como nunca antes e, graças ao interesse em testes do seu método, é mais eficiente do que antes. Simultâneo a isso, precisamos de pensamento crítico para lidar com esse processo. Essa demanda é ainda maior em função do grande crescimento da comunicação. A mente precisa cada vez menos do estímulo físico. O cinema, o jornal ilustrado e o rádio suprem cada vez mais a ausência do contato físico. Uma triste lição da Guerra Mundial é a facilidade com que a paixão do povo é movida à mercê de manipuladores ocultos. A sociedade deve aprender a resistir a tentações modernas. Na medida em que a civilização é colocada em base dinâmica e um movimento estável se estabelece, nosso pensamento deve acompanhá-la na mesma medida. A capacidade de pensar e refletir, por si só, pode trazer flexibilidade e equilíbrio. Dessa forma, precisamos de uma mente aberta para ver e ouvir as novas sugestões, mas, ao mesmo tempo, precisamos de pensamento crítico para ponderar e julgar.

Ao confrontarmos a crescente industrialização do mundo, notamos que as demandas que surgem são tão numerosas que se faz necessária uma seleção para não nos perdermos diante de tamanha complexidade. Três aspectos do industrialismo devem ser suficientes aqui – especialização, agregação e integração.

As demandas educacionais por especialização

A especialização na indústria traz com ela certos perigos que serão duramente questionados. Cada trabalhador irá, distintivamente, se dedicar a uma área específica. A educação deve considerar, no entanto, que ele não vive de forma tão específica. A vocação propicia uma pequena parte de satisfação pessoal, e grande parte dessa satisfação vem da soma de todos os outros aspectos da vida. A escola deve, assim, trabalhar duas linhas compensatórias. A especialidade em si deve ser vista a partir de sua amplitude e conexões. O principal interesse individual deve fornecer os meios para olhar a vida em toda a sua multiplicidade e conectividade; para juntar suas diferentes partes a fim de formar um todo relacionado. Outros interesses adicionais à linha da especialidade também devem ser acumulados ao longo da vida. Uma única linha de interesse como regra é muito pouco. Além disso, existem algumas linhas de trabalho que dificilmente permanecerão satisfatórias. Devemos, assim, multiplicar os interesses a fim de satisfazer a vida em todos os seus aspectos. Mas isso não é tudo. A especialização do trabalho leva à especialização do grupo de contatos, originando um isolamento do todo. Grupos se tornam oponentes de outros grupos; classes se tornam oponentes de outras classes. O todo social se perde em visão e interesses. Esse é, assim, o aspecto sociomoral das relações mencionado anteriormente. Devemos, de alguma forma, apesar da especialização, evitar o egoísmo e assegurar a cooperação. Não precisa dizer que esses são problemas difíceis e permanentes que crescem com mais insistência no processo de industrialização. Visão múltipla, consciência da relação de um segmento com o resto do processo social, interesse na cooperação com o todo social, outros interesse adicionais da vida – essas são as demandas insistentes que uma especialização cada vez maior impõe à vida e, consequentemente, a um esquema educacional apropriado.

As demandas educacionais por agregação

A agregação é correlativa à especialização. Como já dissemos, ela se torna cada vez maior até que, às vezes, tende a se tornar extrema. Dessa forma, precisamos de homens preparados para lidar com os acontecimentos, para gerenciá-los com eficiência econômica, para considerar de forma adequada os fatores humanos envolvidos. Todas são tarefas difíceis – a última é a mais difícil e, certamente, a mais necessária. A menos que o homem aprenda a conduzir os negócios de modo que isso se reverta em melhorias para a sua vida, a civilização não terá provado sua eficiência fundamental. A mera multiplicidade de produtos não será aparentemente suficiente. O homem deve viver no seu trabalho tão verdadeiramente quanto do seu trabalho. A engenharia humana pode, no final, provar ser a mais significante das engenharias. Isso para a educação de lideres, mas e quanto aos que são subalternos? Se toda a atenção deve ser dada àqueles que conduzirão nossas sempre crescentes agregações, ainda mais atenção deve ser dada àqueles que preenchem as fileiras, pois são esses os que correm o maior risco de serem suplantados pela grandeza crescente. Em tempos passados, a maioria das pessoas, em seu trabalho, enfrentava significantes responsabilidades de pensamento e ação. Hoje, isso é cada vez menos verdadeiro. Mais e mais o indivíduo é apenas mais um entre muitos. E isso acarreta algumas perdas. Um entre muitos não pode contar como um entre poucos. Isso é tão verdadeiro nos acontecimentos urbanos quanto é na fábrica, no escritório. Não há mais a mesma perspectiva para o pensamento ou para a influência. Muitos sucumbiram à não praticidade tanto da mente quanto da alma. Como enfrentar e superar isso não é fácil descobrir. Mas a demanda está relacionada com as raízes mais profundas da própria satisfação da vida. A escola deve, de alguma maneira, ajudar as pessoas a se autovalorizarem; a superarem o medo de algo grandioso. Ao mesmo tempo em que a escala em grande medida pode ajudar com a produção, pode também apresentar perigo à individualidade. A escola deve ajudar o indivíduo a enfrentar esse perigo.

A integração social e suas demandas para a educação

A integração gera demandas em outras linhas. Na medida em que os homens e suas relações se tornam mais e mais inter-relacionados – um indivíduo com outros indivíduos; um grupo com outros grupos; uma nação com outras nações – surge uma demanda correspondente por uma perspectiva adequada para lidar com essa vasta e crescente conectividade. Nada menos do que uma mente mundial será suficiente – a habilidade de ver os problemas sociais na escala em que eles existem. A demanda parece especialmente grande para a América. Nossa distância física em relação ao resto do mundo é tão grande, e nossa complacente satisfação tão impenetrável que ainda não percebemos a situação. Porém, quanto mais cedo enfrentarmos os fatos com tranquilidade e reconhecermos seu significado, melhor para nós mesmos e melhor para o mundo. A concepção atual de nacionalismo e o sentimento inerente a ele falham cada vez mais em lidar com os fatos da vida. Para muitos será uma novidade pensar em nacionalismo como uma teoria e ouvir que, como uma teoria, ele deve considerar os fatos. Eles, provavelmente, chamam seu nacionalismo de "patriotismo" achando que, assim, seu sentimento estará acima dos fatos ou, melhor ainda, irá se tornar, exceto para os traidores, o fato supremo diante do qual, por ser aliado de Deus, todos os demais homens e fatos devem se curvar. Mas essa concepção de nacionalismo, como sabemos, tem uma história. A concepção da soberania nacional absoluta é relativamente nova no mundo e, em um mundo de inter-relações sempre crescentes, tão impraticável quanto a teoria da soberania pessoal absoluta. A maioria de nós não acredita que o homem, enquanto indivíduo vivendo em relações sociais, possa ser o único juiz de sua própria conduta, ou que o esforço do Estado em coibir e restringir o homem, em qualquer aspecto que seja, consiste em uma interferência indevida no direito soberano e na liberdade de julgar e agir como deveria fazer por si só. Certamente, alguns defendem essa doutrina radicalmente e recusam qualquer poder de coerção do Estado. Os que defendem essa doutrina são anarquistas. Assim eles se denominam e assim de fato o são. Para eles, toda pessoa é soberana e assim deve ser tratada. O Estado sem poder é necessariamente correspondente a tal teoria. Os anarquistas defendem veementemente a absoluta soberania pessoal.

A analogia entre essa doutrina e a doutrina do nacionalismo parece completa. Da mesma forma como no anarquismo cada pessoa é absolutamente soberana e tem o direito de decidir o que vai e o que não vai fazer; no nacionalismo comum, cada nação é também soberana e possui o mesmo poder de decisão. Como no anarquismo, em que a coibição é errada, independente de ser exercida por outra pessoa ou pelo Estado; também no nacionalismo coibir uma nação é errado, independente de essa coibição ser exercida por outra nação ou por uma organização mundial de nações. Na verdade, as duas teorias são anarquistas, uma aplicada a pessoas e a outra a nações. Da mesma maneira que a história convenceu a humanidade de que as leis são necessárias para a liberdade mais efetiva de cada pessoa vivendo em relações humanas com outros, agora, com o mundo se integrando diariamente cada vez mais em um todo social, parece mais e mais necessário que leis devem governar as nações. E se a ação de uma força comum é necessária para salvar os indivíduos mais fracos da invasão indevida dos mais fortes, por que não seria igual para as nações? Apenas os anarquistas podem negar insistentemente tal fato.

Podemos divergir em como procederemos para enfrentar o problema de uma integração mundial, mas devemos seguir adiante, já que a integração continua seu processo estavelmente. Dessa forma, nossas escolas devem construir uma perspectiva e uma compreensão que sejam capazes de lidar com esses fatos como eles realmente são. Como dito anteriormente, nada a não ser uma mente aberta será suficiente. E isso significa uma nova história, uma nova geografia, provavelmente, uma ciência social nova e inclusiva. A velha história e a velha geografia, através de uma seleção corrompida dos fatos, tornaram-nos incapazes de enxergar verdadeiramente a situação real que estava por vir. Como objetivava fazer, essa velha perspectiva dividiu a humanidade. Porém, essas velhas posturas não ajudarão nossas crianças a resolverem seus problemas. A nova geração enfrenta um mundo diferente, um mundo integrado. É a verdade que as tornarão livres, e é sobre a verdade que devemos erguer nossos alicerces.

As demandas por democracia

O próximo traço característico da civilização moderna que encontramos em nossas análises foi a democracia. Precisamos de pouco espaço para uma concepção tão familiar. Porém, aprender a construir uma democracia de sucesso não é uma tarefa fácil. A teoria educacional moderna nos diz que não aprendemos o que não praticamos. Possivelmente, uma razão para os desapontamentos da democracia seja o fato de nunca a termos experimentado. Obviamente, se é para o mundo ser democrático, o povo deve aprender o que é democracia; e a escola deve ensinar de alguma forma, em algum momento. Uma maneira que a escola tem de ensinar a democracia é colocá-la em prática. Até recentemente, a escola era amplamente autocrática. Nossos alunos, de maneira geral, não praticavam a democracia, mas sim a obediência, para não dizer a subserviência, à autocracia. Aquilo que os alunos deviam fazer ou pensar era meticulosamente preparado. O que lhes cabia era a aceitação passiva. Alunos eram para ser vistos e não ouvidos; deveriam ficar esperando até que fosse permitido que falassem. A principal, senão única, responsabilidade do aluno era obedecer. O processo educativo em si era concebido em termos autocráticos. A aprendizagem não era uma busca e uma descoberta responsável, mas uma doce receptividade. Além disso, o que era aprendido só dizia respeito a um futuro bastante distante da realidade. Dessa forma, a vida presente da criança era usada apenas como um meio. Como já disseram uma vez, a infância não era, assim, um compartimento integrante da casa da vida, mas um vestíbulo, apenas um tempo de preparação para o que seria vivido mais adiante. Em resumo, o processo geral da escola tradicional era, de um jeito ou de outro, amplamente antidemocrático.

Certamente, é natural que as crianças sejam tratadas autocraticamente se os professores também foram tratados assim. Uma dificuldade de nossa tendência agregadora é o grande número de problemas que tanto os alunos quanto os professores, inevitavelmente, precisam enfrentar. A administração em massa facilmente esquece o indivíduo. Duas tendências ainda disputam a liderança na administração escolar. Uma é a de unificar o pensamento em um recurso central de autoridade que dará indicações a serem seguidas no que diz respeito tanto ao currículo quanto ao método. Assim concebido, esse é o método da autocracia – o sistema da fábrica aplicado a uma área em que seus malefícios são agravados. A educação nega a si própria quando usa tal tratamento. A tendência opositora é completamente diferente. Ela tenta aprimorar ao máximo possível a eficiente autonomia do professor, com coparticipação em responsabilidades em comum. Um programa eficaz nessa linha é mais difícil de achar, não apresenta resultados de forma imediata, e, obviamente, é menos suscetível ao controle administrativo e, possivelmente, mais caro. Esse caminho é novo e cercado por dificuldades, mas é o caminho da democracia. Cuidadosamente, porém com convicção, nossas escolas devem encontrar o seu lugar ao longo desse caminho se estiverem realmente dispostas a atender às demandas da democracia e da ética e, ao mesmo tempo, atender às demandas da educação. Seguir qualquer outro caminho, como já foi dito, é negar a própria educação.

A educação e nossos problemas sociais sempre em transformação

Além das já observadas, outra demanda da democracia deve ser considerada. Se nossos alunos precisam crescer em uma cidadania adequada, eles devem, de acordo com a idade e com sua perspectiva e interesse, tornar-se cada vez mais familiarizados com os problemas da civilização. Estudos desenvolvidos por historiadores ocidentais podem nos fornecer o conhecimento necessário acerca dos mais importantes problemas sociais que, de uma forma ou de outra, provavelmente serão enfrentados pela nova geração[5]. Muitos desses problemas gerarão controvérsias, mas se forem tratados com sabedoria, o seu valor educativo será ainda maior. O esforço a ser feito não é especificamente para encontrar soluções para esses problemas, mas para desenvolver métodos que possibilitem uma observação inteligente dos problemas em si, bem como dos fatos pertinentes e suas possíveis soluções. É necessário e muito provável que tanto as escolas de Ensino Médio quanto as universidades desenvolvam cada vez mais trabalhos nessa linha. São muitos os que, sem intenção, mas ansiosos para manter o descompasso sociomoral, serão contra essa tendência e, em alguns momentos, tentarão adiar a sua realização[6]. Porém, a demanda é muito real para sucumbir às resistências. É a própria civilização que está em jogo.

O declínio do autoritarismo e suas demandas

O declínio do autoritarismo no domínio sociomoral fornece a próxima demanda à escola. Embora não seja o propósito deste livro discutir religião, a relação entre religião, moral e educação é tão próxima que pelo menos algumas poucas palavras sobre o

---

[5]. Pela importância do trabalho do meu colega Dr. Harold O. Rugg, aconselho complementar o que aqui está sendo tratado com o livro de sua autoria *A vida americana e a reconstrução da escola* ([s.l.]: Harcourt, 1926).

[6]. Um editor em uma cidade do centro-oeste criticou o curso de ciências sociais de Rugg adotado por uma escola local, focando o tratamento dado aos problemas sociais atuais. Para desenvolver seus argumentos, ele citou os panfletos usados no curso. Um garoto do sétimo ano reclamou com o seu pai que o editorial foi injusto, pois ignorou outras partes do panfleto que poderiam ter enfraquecido ou até mesmo respondido aos ataques. Certamente, esse garoto estava aprendendo a desenvolver uma visão ampla e um pensamento justo, coisa que o editor não soube colocar em prática.

assunto se fazem necessárias. Parece uma generalização comum afirmar que, tanto aqui como em qualquer outro lugar, a autoridade externa cada vez maior contribui para o desenvolvimento da autoridade interna. A onda irresistível do pensamento testado influencia aqui como em outras áreas. Esse se torna, assim, o próximo problema a ser enfrentado por aqueles que determinam a religião como meio para fazer a transição da base externa para a base interna de forma tão completa e com soluções tão consistentes que os mais inocentes podem aderir a elas sem perdas substanciais. A presente luta dos fundamentalistas ilustra a necessidade de que sua raiva, verdadeiramente, constitua uma obrigação. É preciso observar que nenhum outro movimento contemporâneo pode ilustrar tão bem o conflito entre as duas concepções de mudança. Um lado da disputa negará à mudança qualquer lugar essencial; o outro a colocará no centro de suas postulações. É interessante observar que, na disputa, o fundamentalismo é, com muita frequência, mais consistente logicamente do que seu oponente, por mais impossível que a posição fundamentalista como um todo possa ser. O modernismo busca provar os fatos, mas, geralmente, fracassa em aceitar as implicações necessárias; hesita em encontrar a raiz do problema. Não é suficiente admitir a evolução do homem ou da Bíblia. É preciso pensar sobre as implicações dessa evolução. A oposição mútua é diamétrica. O conflito é a morte. Até que esse conflito seja solucionado, aparentemente nunca chegaremos a um acordo satisfatório em relação à próxima importante demanda: a demanda relacionada à educação moral.

Ainda mais perceptível, se é que é possível, é o declínio do autoritarismo no campo da moral. O movimento parece ter se tornado conscientemente perceptível nas últimas décadas, momento em que certamente passou a ganhar mais força. Aparentemente, esse movimento está conectado com a "emancipação" da mulher, em parte porque a grande maioria dos jovens compartilha os ideais dessa emancipação e, em parte, porque o gênero e o tratamento a ele dispensado continuam sendo o grande pilar do autoritarismo. Felizmente, não precisamos aqui tentar separar os fios emaranhados entre a convenção e a realidade subjacente nesse campo tão conflituoso. Para nós é suficiente afirmar que, certo ou errado, a juventude tem tido total controle da situação. Essa tendência não é local. Ela aparece espalhada por todo o mundo com nomes diferentes e variada ênfase. O elemento comum parece ser o fato de que a juventude está resolvendo seus problemas por conta própria. Cada vez menos os jovens se rendem às palavras de comando dos mais velhos; cada vez menos aceitam os costumes e as convenções como obrigatórios. Mais e mais insistem que as razões devem ser convincentes. Como já foi dito anteriormente, o resultado de tudo isso, apesar dos medos comuns, não precisa ser de todo ruim. É possível, então, lidar com o progresso real da moral? Se o pensamento criativo pode realizar tanto nas ciências naturais, por que não também nesse domínio? São os tabus com os quais nossos antepassados obscureceram as ações morais que nos impedem de ter expectativas quanto ao progresso de nossos modos de viver? O fato de não podermos ver ou nomear de antemão essas linhas de avanço não é um argumento suficiente. Se não somos mais capazes de prever a próxima máquina a ser inventada, por que negar mais uma do que a outra?

Mas qual é a demanda em relação à escola? Ela é bastante clara. Devemos ajudar nossos jovens a resolver seus problemas morais. Se eles buscam um porquê, devemos ajudá-los a encontrá-lo, independentemente do que esteja relacionado a esse porquê. Existem aqueles que temem o risco de falhar em suas pesquisas? Se o porquê for tão insignificante ou obscuro que não pareça merecer ser pesquisado, ele pode ser prontamente ignorado. "Porém [dizem alguns], a juventude tem temperamento forte. Suas paixões são descontroladas. Tememos que sua busca seja apenas uma desculpa para a realização de seus desejos e não para encontrar o porquê que impediria a realização desejada." E devemos, eu acho, admitir que aqui há um perigo; porém, como se costuma dizer, isso é uma condição e não uma teoria que nos confronta. A escola deve enfrentar os fatos como eles são. Com tantos questionamentos no mundo, é natural que a juventude também questione. Essas são, assim, as demandas que nos são apresentadas. Vivemos uma nova situação em relação aos confrontos morais, e os velhos planos já não funcionam mais. Já não é suficiente apenas termos a consciência de que as mudanças são rápidas. Precisamos encontrar um novo procedimento que nos prepare para um futuro desconhecido e em constante mudança. Com a ruptura da autoridade externa, precisamos ajudar nossos jovens a encontrar a única autoridade real que pode merecer respeito: a autoridade interna que tem como base o "como isso funciona ao ser experimentado". Esse tipo de autoridade, por ser um método, é capaz de suportar as mudanças. Embora difícil, esse modo de tratamento pode ser estudado e aprendido. O clima é propício e nossa juventude está motivada e alerta. A demanda que nos é apresentada é, portanto, a de ajudar os jovens a enxergarem o porquê do que é obrigatório e, ao enxergarem, ajudá-los a compreender tais obrigações. O autoritarismo moral está morto. Uma moralidade melhor há de sobreviver.

O fato das mudanças serem rápidas, e o que isso demanda

O resultado culminante da pesquisa sobre esse nosso mundo em constante mudança foi constatar o fato de que as mudanças estão cada vez mais rápidas. Feita essa constatação, essa concepção permeou nossa discussão de forma que se faz necessário estender sua consideração. No mais remoto passado histórico que possamos alcançar, a mudança na perspectiva mais profunda do nosso pensamento ainda não havia se apresentado como um problema tão insistente como agora. Por muito tempo, a maioria dos pensadores negou à mudança qualquer validade essencial. Uma questão que, durante muito tempo, parecia absolutamente acadêmica ganhou novas dimensões na era industrial. A mudança é muito rápida para passar tanto tempo ignorada. A visão atual apenas acrescenta maior insistência ao processo. A doutrina de Aristóteles já não é suficiente. Diante dos acontecimentos do mundo atual, devemos, como Darwin, considerar o antes e o depois das incessantes e, até que possamos dizer o contrário, amplas mudanças. Devemos concordar com James quando ele diz que – nosso universo é totalmente aberto; está sem tampa. Enfrentamos um futuro desconhecido, sem metas preestabelecidas. Quer gostemos disso ou não, a filosofia da mudança é a única capaz de lidar com o nosso mundo e nos fornecer uma orientação. O atual problema intelectual do homem é aproximar o seu mundo das ideias de suas descobertas científicas. Lógica, ética, religião e filosofia precisam ser reconstruídas em coerência com a situação. Caso contrário, elas não atenderão às nossas necessidades.

A educação também enfrenta uma reconstrução semelhante. Até o momento, ela agiu como se estivesse enfrentando uma ordem estabelecida. A educação, até muito recentemente, era concebida como uma preparação específica para um futuro estável. Seus conteúdos consistiam em soluções velhas e convencionais para problemas recorrentes. O currículo era o resumo organizado de tais conteúdos. Aprender era aceitar o que, então, era ensinado. O estudo escolar geralmente se perdia no esforço de memorizar os conteúdos de forma a convencer os professores de que eles haviam sido aprendidos. O termo "docilidade", usado para qualificar esse método de ensino, manifestava-se na aceitação passiva e ignóbil da autoridade de um superior autocrático. Esse retrato extremo é, pois, o resultado lógico da velha filosofia. O homem raramente é coerente e, ultimamente, muitos desvios da posição lógica têm sido feitos, buscando uma adaptação às mudanças. Mas a velha filosofia ainda perdura. As demandas agora são que enfrentemos os fatos e pensemos nas implicações que eles nos impõem.

A educação, portanto, deve, conscientemente, enfrentar esse futuro tão desconhecido. Nossa posição, nos momentos de mudança, é, contudo, flexível e sujeita ao nosso controle. Os fatores principais que devem nos orientar são sugeridos por palavras com substituição cada vez mais rápida, futuro desconhecido, pensamento, controle dentro dos limites, método experimental, pensamento testado através de resultados, métodos aprovados por testes. Na medida em que consideramos o avanço cultural desigual, nossa ênfase deve ser na perspectiva sociomoral e na compreensão efetiva, a fim de aproximá-las dos aspectos "materiais" da nossa civilização em seu processo de constante transformação.

Essas considerações significam uma reorganização dos objetivos e dos procedimentos da escola. O currículo e os métodos devem trocar as bases estáticas por bases dinâmicas. Em função do declínio do papel educativo da família e da comunidade e, de acordo com uma melhor compreensão do processo de aprendizagem, a escola deve se tornar um lugar em que a vida, a experiência real, se processa. Somente nessas bases nossas crianças poderão aprender o que realmente precisam. Tudo isso gerará a necessidade de mudanças nos equipamentos, nos livros didáticos, na administração e nos objetivos da escola. Nossos esforços devem se direcionar, principalmente, para atitudes apropriadas, pontos de vista e métodos.

E quais resultados estamos buscando? Na verdade, a resposta já foi dada. Por um lado, nossos jovens devem construir uma perspectiva dinâmica, compreensão, hábitos e atitudes que os tornem capazes de manter o curso durante os processos de mudança. Para fazer isso, eles devem, ao amadurecerem, aumentar sua capacidade de se manterem sobre seus próprios pés e, assim, serem capazes de resolver seus próprios problemas. Nós, os mais experientes, devemos renunciar qualquer tipo de soberania sobre eles. Uma geração não pode mais querer impor suas soluções à outra geração. Por outro lado, nossos jovens devem aprender técnicas gerais e flexíveis que possam lhes ser úteis diante de um futuro desconhecido. Podemos não conhecer exatamente quais são seus problemas, muito menos as soluções para esses problemas, mas, em certa medida, podemos prever o funcionamento e o delineamento desses problemas. Podemos propiciar aos jovens um acesso eficaz ao nosso útil "banco de dados". Podemos, em particular, oferecer aos mais jovens um controle inteligente dos nossos métodos, incluindo o método para criticar métodos. Tudo isso para que possamos contribuir o quanto nos for possível para que as futuras gerações possam estar suficientemente preparadas para lidar com um futuro desconhecido e em constante processo de mudança como o que enfrentarão.

Essas são as demandas apresentadas à educação por nossa civilização em constante transformação.

3
A EDUCAÇÃO TRANSFORMADA

A educação em processo de mudança

Nossas escolas já estão mudando. Todos os que já passaram da idade escolar percebem como a escola de hoje está diferente do que era quando eram alunos. Os pais notam as mudanças, especialmente aqueles pais privilegiados que podem colocar seus filhos nas melhores e mais modernas escolas. A toda hora surgem comentários acerca dessa nova educação.

"Hoje em dia, as crianças gostam do que fazem na escola."

"Elas gostam porque só brincam, não estudam."

"Você chama isso de brincadeira? Eu chamo de atividade escolar. Elas estudam mais do que costumavam estudar e aprendem mais. Certamente, elas consideram o que fazem como atividade escolar."

"E quanto à disciplina? Vá a uma escola e veja você mesmo. As crianças ficam em pé e conversam o tempo todo. No nosso tempo, permanecíamos sentados até que nos dessem permissão para levantar."

"Sim, mas há mais disciplina do que antes. Eu estive lá e vi."

E assim seguem os comentários. O que aconteceu? De que forma as escolas mudaram? Por que elas mudaram? Que relação há entre essas mudanças, as mudanças sociais e as demandas que analisamos anteriormente? E quanto ao futuro, como será?

É evidente que a escola moderna é realmente diferente. A primeira impressão para os mais tradicionais não é sempre agradável. Em todo o ambiente escolar, há menos definição de grupos, há mais movimentação individual e menos direcionamento. Provavelmente, há maior movimentação de cadeiras, não há carteiras escolares fixas, e a arrumação em fileiras é evitada. Em geral, na sala de aula é possível ver um grupo de crianças conversando livremente sobre alguma coisa, outro grupo conversando com a professora e ainda um terceiro grupo que diz que está indo para a biblioteca. Quando éramos jovens, a biblioteca não fazia parte da vida escolar das crianças menores. Agora, em muitas escolas, elas parecem ser o centro para certos tipos de atividades. Certas diferenças como essa podem ser claramente percebidas.

E quanto à disciplina? Teremos uma visão melhor do assunto se voltarmos no tempo. Na cidade de Boston, em 1845, uma escola pública de 400 alunos aplicava 65 punições por dia – uma em cada seis minutos[7]. Nesse mesmo ano, centenas de escolas rurais de Massachussetts tiveram que ser abandonadas porque os alunos expulsaram os professores. Massachussets, evidentemente, chamou a atenção de todo o país. Desse dia em diante, tanto as punições quanto as rebeliões escolares entraram em declínio por todo o país. Ao invés da tradicional oposição entre professores e alunos, um novo espírito passou a tomar conta do ambiente escolar, um espírito de interesses comuns em que a repressão ocupa um espaço cada vez menor. E quanto à conduta dos alunos? Visite as melhores escolas de Ensino Médio, por exemplo, e observe como uma comissão de alunos orienta o "tráfego" nos corredores. Você não notará nenhum sinal visível

---

7. COURTIS, S.A. & CALDWELL, O.W. *Then and Now in Education*. [s.l.]: World Book Company, 1924, p. 20.

dessa orientação. Cada aluno vai quieto e de maneira ordenada para a sua próxima aula. Pergunte ao diretor e ele lhe dirá que a falta de disciplina é pouca e cada vez menor. Não foi um milagre o que aconteceu – ninguém pensa que tenha sido isso. Evidentemente, certos desvios da juventude ainda provocam grande preocupação, mas a disciplina, no sentido adotado nas escolas nos velhos tempos, está desaparecendo do ambiente escolar.

Quanto mais estas mudanças são estudadas, mais claro fica que elas fazem parte do movimento social mais amplo que estamos analisando. As demandas sociais e a responsabilidade da escola em relação a elas são um processo que já vem ocorrendo há várias décadas e que vem crescendo nas últimas duas décadas. Conforme se podia esperar, a escola se mostrou, a princípio, incompetente, na medida em que não conseguiu compreender perfeitamente o problema e lançou mão apenas do processo de "tentativa e erro" para enfrentar a nova situação que se apresentava. Agora, as novas demandas nos obrigam a observar mais atentamente o que fazemos e por quê. Este livro é uma resposta a essas demandas. Seu objetivo é chamar atenção para essas demandas e para os processos de respostas a elas que já estão em curso. É sempre verdadeiro que um processo já está em operação e já produz resultados antes mesmo de termos consciência de sua existência. Um estudo apropriado dos fatores fundamentais, nesta e em qualquer outra situação, deveria produzir melhor orientação do processo, bem como melhores resultados. Para resumir o capítulo até este ponto, "o progresso moderno" é um fato absolutamente óbvio. O descompasso sociomoral parece inegável. A escola já se movimenta com certa consciência para enfrentar a situação. Vamos procurar ser cada vez mais conscientes do que está acontecendo e das razões desses acontecimentos.

Os resultados podem, assim, ser vistos com mais clareza, e os meios para alcançá-los, melhor planejados. Devemos, portanto, ter esperança de cumprir o nosso papel.

O problema identificado

Vimos as características da nossa civilização em processo de mudança. Vimos também as mais importantes demandas dessa civilização em relação à educação. Um acordo acerca de qualquer uma dessas demandas é mais fácil de ser alcançado do que a escolha do tipo de escola necessário para atender a essas demandas. Até agora, as discussões – apesar das interpretações pessoais – têm lidado com questões relativamente objetivas que poderiam apelar para a observação comum. Daqui por diante, quero alertar os leigos que entraremos no domínio da controvérsia que exige do autor a apresentação das melhores soluções para o problema. Diante disso, é melhor apresentar considerações e um programa consistente, embora eles possam, no momento, não serem amplamente aceitos. Possivelmente, o programa é muito avançado, considerando seu descompasso com a compreensão pública geral, e sua filosofia de base talvez seja nova demais. Certamente existem outras possibilidades não tão agradáveis. O objetivo, contudo, é apresentar um plano e procedimentos para atender às demandas já esboçadas.

Embora não seja necessário rever as características de nossa civilização moderna com todo o seu descompasso sociomoral como pano de fundo para os rápidos avanços das mudanças "materiais", talvez seja interessante levar em consideração a grande variedade de demandas que essa civilização apresenta para nossas escolas. Dar ênfase a esse aspecto da situação nos permite observar as características apropriadas para o nosso programa escolar.

As significantes demandas por mudanças na educação parecem ser resultado do descompasso intelecto-moral por trás do avanço "material"; do declínio da moral autoritária e do caráter mutável e desconhecido do futuro, com menos fontes de mudanças exigidas pela tendência democrática e pelas mudanças na sociedade provocadas pela "grande indústria". Para não correr o risco de uma super-redução do conteúdo, devemos dar uma ênfase direcionada e observar as mudanças exigidas sob três aspectos principais: primeiro, uma moralização inteligente, adaptando as *justificativas* para determinadas condutas, de forma que elas sejam sempre a base para *o que deve ser feito*; segundo, os métodos para a abordagem de problemas sociais que ainda não foram resolvidos; e terceiro, forte caráter moral com amplas perspectivas e posturas sociais. Para enxergar essas várias demandas sob essa nova luz, é necessário pensá-las em conjunto com as situações que lhes deram origem. Somente mantendo juntas as demandas e as situações, uma dando sentido à outra, seremos capazes de compreender adequadamente a nova educação a fim de melhor determinar seus objetivos e procedimentos.

A escola e a experiência passada

A escola tradicional, de acordo com sua concepção original, em geral, tem sido um suplemento à educação inerente à experiência real. De forma geral, ela proporciona certas experiências de grupo que parecem complicadas demais para serem proporcionadas pelas experiências da vida comum. No passado, essa era a função típica das escolas de arte e de certo corpo de conhecimento que o homem culto deveria dominar. De acordo também com uma psicologia mais antiga, a escola poupava tempo e assegurava o aprendizado, apresentando aos jovens resultados finais formulados pelo pensamento e raciocínio de outros e não deles mesmos. Nesse aspecto, o livro didático era o maior aliado. Há um século, a memorização verbal era a regra, e aqueles que contestavam tal método questionavam se os alunos haviam realmente compreendido o que haviam "aprendido". Era fácil perceber que apenas a memorização de uma fórmula não é suficiente para sua compreensão ou seu uso apropriado. Nessa mesma época, no aspecto mais teórico, questionava-se o verdadeiro sentido do processo de aprendizagem. Ninguém duvidava de que a criança poderia e deveria aprender as fórmulas, a questão era como esse aprendizado deveria se processar. Os questionamentos posteriores destacavam o fato de que as crianças deveriam demonstrar compreensão dos conteúdos aprendidos de forma que fossem capazes de explicá-los com suas próprias palavras. Atualmente, após sucessivos esforços, as mesmas dificuldades ainda nos confrontam. Todos admitem que a juventude deveria lucrar com os resultados, com a experiência acumulada dos que a antecedem, mas como isso deve se processar ainda é uma questão em aberto. Apenas adquirir as ideias formuladas por terceiros já provou ser insuficiente.

A escola e a experiência do presente

No presente momento, duas mudanças recentes surgem para modificar o problema e anunciam, talvez, a sua solução. Por um lado, uma psicologia nova e mais confiável; por outro lado, as mudanças na vida da família e da comunidade previamente observadas, da mesma forma, exigem que a escola se torne um lugar em que experiências reais se processem. A educação que cabia à família passa agora a ser responsabilidade também da escola. Isso exige que a escola se torne, na verdade, um lugar de experiências reais, pois somente através dessas experiências a criança pode receber esse tipo de educação que se aproxima mais da própria vida e que antes era recebida em casa e na comunidade. Na medida em que é a educação inerente a vida que se perdeu, é ela que deve agora ser oferecida. A demanda por experiências reais, assim, origina-se do enfraquecimento da vida familiar e recebe amplo suporte dos avanços recentes da psicologia educacional. Esses avanços da psicologia são tão significantes para o que aqui estamos tratando que precisamos parar para lhes dar mais atenção.

A dependência entre aprendizado e experiência

Como o aprendizado se realiza? Várias regras podem ser estabelecidas com uma certeza razoável de validade eficaz. Porém, em primeiro lugar, o que significa aprendizagem? Quando podemos afirmar que alguma coisa foi aprendida? Já vimos anteriormente que a orientação é o caminho para qualquer educação válida. Aprender é adquirir um modo de comportamento. Uma coisa foi aprendida quando, em um tempo apropriado, o tipo de orientação dada pode e irá se realizar. Existe uma dinâmica inerente ao aprendizado de tal forma que a orientação aprendida, no tempo certo, irá além dela mesma, mesmo contra uma oposição considerável. Nós reconhecemos esse processo facilmente quando relacionado a "maus" hábitos. O mesmo é verdadeiro, em maior ou menor grau, para todo tipo de aprendizado. Com esse significado para o verbo "aprender", como, então, o aprendizado se realiza? Primeiro, o que aprendemos deve ser praticado. Aprendemos as respostas que damos. O exercício adequado se faz necessário. Essas três afirmações, diferentes apenas nas palavras escolhidas, incluem atitudes interiores e avaliação tanto quanto conhecimento e habilidades. Existem, ainda, muitos outros aspectos – afeto, por exemplo – que não podem ser praticados formalmente. É impossível para um professor pedir a um garoto que é agressivo com as crianças mais frágeis que dedique meia hora depois da aula para a prática silenciosa do afeto para com os outros. A afetividade não se desenvolve dessa maneira. Ela só pode ser praticada em um contexto social e, dessa forma, somente em uma situação que realmente desperte tal sentimento. A resposta à afetividade deve estar no agente e no aprendiz. É preciso sentir a afetividade em uma situação real como parte essencial da prática. Esse exemplo ilustrará um dos vários tipos de demandas por experiências reais na escola. Sob as condições da vida moderna, para um número cada vez maior de crianças ousamos dizer que a escola oferece a melhor chance, senão a única, de aprender esses aspectos essenciais da vida. Caso a escola se recuse a ser o lugar em que a vida real acontece, isso significaria um suicídio moral para a nossa sociedade. O trabalho deve ser feito. Mais que isso, a escola deve fazê-lo. A experiência é a única forma de fazer esse trabalho. A questão parece clara e inequívoca.

A segunda regra do aprendizado é que não aprendemos tudo na prática. Aprendemos apenas o que alcança o sucesso. Deixando mais claro: quando tentamos alcançar um objetivo, com os sucessos e fracassos ao longo do processo, aprendemos o que *fazer* para alcançar o sucesso e o que *não fazer* para evitar o fracasso. Os psicólogos debatem a explicação dessa lei, mas o fato em si não está em debate e, para nosso objetivo aqui, é suficiente. É interessante observar como a intenção do aprendiz influencia na determinação de uma forma de comportamento que será construída no caráter do indivíduo como uma tendência positiva de ação, ou se será construída, como era antes, *fora* dele, como uma aversão, uma coisa que não deve ser feita. Assim, se uma pessoa pretende aprender certa jogada de tênis, ela vai lucrar tanto com seus sucessos como com seus fracassos. Os movimentos que contribuem para que o sucesso seja alcançado vão, com a repetição na prática, gradualmente sendo construídos no sistema nervoso. Haverá uma tendência cada vez maior de agir desse modo. Por sua vez, os movimentos que resultaram em fracasso são também assim construídos. Haverá, portanto, uma tendência de não repetir tais movimentos. Se houver uma intenção forte o suficiente para resultar na prática da jogada e para provocar a observação cuidadosa do sucesso e do fracasso ao longo da prática, considerando a grande satisfação sentida com o sucesso e o imenso arrependimento com o fracasso – se todas essas condições forem atendidas –, o aprendizado irá se realizar automaticamente tanto através do sucesso como do fracasso, e o movimento irá se tornar tão fixo que, no tempo certo, a jogada será feita naturalmente. Antes, o fracasso era praticado com mais frequência do que o sucesso, porém, com a persistência da intenção, o caminho escolhido era, por fim, aprendido. O aprendizado, assim, seguia a direção dada pela intenção.

Coisas parecidas acontecem no domínio sociomoral. Se queremos que nossos alunos aprendam, só podemos desejar o sucesso deles se, antes de tudo, eles próprios precisam desejar alcançar esse sucesso. Dessa forma, novamente a vida real precisa estar acontecendo na escola, não apenas para criar as situações (segundo a primeira regra) para a prática do que deve ser aprendido, mas também para proporcionar (segundo a segunda regra) as condições para que o sucesso propriamente seja alcançado. A observação facilmente nos convence de que as atitudes sociais dos colegas são de longe mais potentes para induzir uma atitude desejada em um aluno difícil de lidar do que qualquer coisa que o professor possa fazer. Na verdade, como professor, apenas por mobilizar uma atitude social favorável dos outros alunos, ele pode ter esperança de alcançar o sucesso geral. As melhores condições de aprendizado se fazem presentes quando estão cooperando mutuamente em uma iniciativa compartilhada em que cada item, cada esforço, é avaliado mais pelo modo que funciona na vida em comum do que por palavras ou por autoridade externa. O professor inteligente, sob tais condições, aproveita toda oportunidade em que seus alunos possam aprimorar a prática saudável do que está sendo aprendido. Se os alunos estão adquirindo o "senso de responsabilidade", eles devem praticar a responsabilidade com a intenção de alcançar o sucesso em seu exercício. Se isso for feito com forte intenção, prática suficientemente variada e crença compartilhada no sucesso (somente o sucesso será alcançado e, durante o processo, nada ocupará o seu lugar), então esses alunos vão adquirir – cada um de acordo com sua própria atitude e experiência – um senso cada vez maior de responsabilidade. Garantidas as condições, os resultados aparecerão. O contexto social é, assim, de diferentes pontos de vista, a condição necessária para a aquisição de comportamentos sociais.

Mais uma vez, outra regra ou condição de aprendizado exige experiência real no contexto social. Isto está relacionado à expectativa de que o que é aprendido possa ser aplicado na prática. Antes, acreditava-se que o aprimoramento de qualquer habilidade, como do raciocínio, por exemplo, significava uma maior capacidade de raciocínio em qualquer situação em que fosse necessário utilizá-lo. Assim, se um garoto aprendesse a raciocinar melhor na área da geometria do que antes ele era capaz, acreditava-se que ele, consequentemente, raciocinaria melhor em qualquer situação de vida em que o raciocínio fosse necessário. Hoje, sabemos que essa esperança inicial era um engano e um grande exagero. O aprimoramento obtido em uma situação estará disponível em outra se a segunda situação possuir em seus elementos o mesmo apelo e necessidade que foi aprendida na primeira. Um garoto que aprendeu bem geometria, ao estudar mecânica, precisará tanto da geometria que estudou quanto da capacidade de raciocínio que desenvolveu em seu estudo, pois a mecânica tanto necessita dos conhecimentos específicos como do tipo de raciocínio desenvolvido com o estudo da geometria. O mesmo não acontece, por exemplo, se esse mesmo garoto for negociar no comércio de cavalos. Em uma negociação no comércio de cavalos, provavelmente, nem seus conhecimentos sobre geometria, nem o raciocínio tão bem desenvolvido com seu estudo irão ajudar. Certamente, é possível que ele "pare e pense" e "examine suas premissas". A probabilidade de que a geometria o ajude a pensar diante dessa nova situação depende, em parte, do modo como ele aprendeu a raciocinar na situação anterior. Se ele foi ensinado a fazer amplas generalizações, é mais provável que ele aplique o aprendizado anterior e suas respostas à nova situação. Porém, o fator mais importante na aplicação de um aprendizado anterior é a similaridade entre as duas situações. Sob tais condições, a "transferência" é mais provável de acontecer. Para uma melhor transferência, a nova situação deve não só permitir o uso do conhecimento adquirido, mas, além disso, deve possuir algo que irá sugerir ou necessitar do uso desse conhecimento. Fica claro, então, que quanto mais similar é a situação de aprendizado da nova situação, maior será a probabilidade de acontecer uma transferência; é mais provável que o conhecimento tanto seja requisitado como realmente necessário. Por mais essa razão, portanto, desejamos que a escola esteja em sintonia com a vida real. No que diz respeito à probabilidade de transferência do aprendizado, quanto mais próxima a vida da escola estiver da vida fora dela melhor. Desejamos, assim, que a escola ofereça possibilidades de experiências o mais próximas possíveis das experiências vividas fora dela. A demanda é, portanto, pensando novamente na qualidade do aprendizado, que a escola propicie experiências reais.

Mais duas outras condições de aprendizado complementares devem ser consideradas antes de encerrarmos esse aspecto do nosso tópico. São elas: o aprendizado por "associação" e o fato do aprendizado nunca acontecer de forma isolada. No que diz respeito à associação, estamos todos familiarizados com o fato de que quando duas coisas acontecem ao mesmo tempo em uma experiência, o pensamento acerca de uma coisa tende a convocar o pensamento acerca da outra. Em tal caso, quanto mais enfática for a conexão, seja ela prazerosa ou não, maior a tendência de uma recordação associada. A mesma associação vai além do que a maioria de nós poderia pensar. O exemplo clássico é o do cachorro de Pavlov. Uma carne apetitosa era apresentada. A boca do cachorro salivava. Nesse instante, uma campainha era prontamente acionada. A mesma coisa era repetida dia após dia e, todos os dias, o cachorro salivava. Depois de algum tempo, somente a campainha, sem que a carne fosse apresentada, era suficiente para fazer o cachorro salivar. A associação havia entrado em funcionamento. Uma resposta (a salivação) originalmente ligada a um estímulo "natural" (o cheiro de uma carne apetitosa) passou a ser acionada por um estímulo adquirido (o soar de uma campainha) que anteriormente não possuía tal poder. Essa "troca associativa" de estímulos ou "condicionamento", conforme a variada nomenclatura, é responsável por mais orientações do que imaginamos. A maioria das respostas emotivas parece seguir essa rota. Por exemplo, o medo é uma resposta natural. Aquilo de que realmente temos medo parece vir quase que inteiramente dessa associação. É através desse medo original que adquirimos nossos medos particulares. Nossas preferências, do que gostamos e do que não gostamos, parecem também se originarem do mesmo jeito. Um homem profissionalmente estabelecido me confessou ter aversão a certa cor na capa de um livro porque ela estava associada a uma matéria que ele não gostava em seu período escolar. Os maus momentos passados com a tal matéria já haviam sido esquecidos, mas a associação incômoda das cores permanecia.

E agora nos deparamos com um fato complementar. Nós não aprendemos apenas uma coisa de cada vez, mas sim muitas coisas ao mesmo tempo. Qualquer coisa com a qual trabalhamos, seja o que for, apresenta diferentes fases e tem variadas conexões. Cada uma dessas fases e conexões está "associada", em menor ou maior grau, a alguma atitude emocional. Assim, muitos aprendizados se processam simultaneamente. Por exemplo, um garoto está na escola memorizando um poema. Isso, assim como outras respostas possíveis, afeta positiva ou negativamente a atitude desse garoto no que diz respeito a muitas outras coisas conectadas que podem estar relacionadas à poesia em geral, por exemplo, ao professor responsável pela atividade, à escola em que a atividade está acontecendo, a ele mesmo como capaz ou não de desenvolver tal atividade, à perspectiva estético-intelectual da vida (testemunhando a hostilidade de Babbitt pelos "intelectuais"), à política educacional (e, da mesma forma, a algumas generalizações acerca de todas as políticas no sentido da determinação se isso deve ou não ser considerado como uma repressão aos mais "rebeldes" ou, ao contrário, como a melhor forma de convivência). Essas são apenas uma amostra dos muitos aprendizados acontecendo ao mesmo tempo. Além dessas atitudes interligadas, esses aprendizados concomitantes acontecem, ao mesmo tempo, as atitudes efetivas da vida que se tornam tão fortes a ponto de dominar a perspectiva emocional e intencional. Há uma boa razão para achar que, possivelmente, nos primeiros anos de vida, as mais significativas dessas atitudes são, em geral, formadas (eis aí um bom argumento para as creches e para a Educação Infantil), porém, até onde podemos dizer, todo o período escolar tem grande potencial por todo o seu percurso. Muitos aprendizados estão sempre em processo. A associação desempenha um importante papel durante a construção do caráter emocional e intencional.

Uma comparação entre a velha e a nova escola

Assim, mais uma vez, vemos a inadequação dessa velha concepção de escola em que crianças sem entusiasmo são submetidas a processos de aquisição de conhecimento por repetição de declarações formuladas a partir de soluções imediatas para problemas sociais do passado. Esse tipo de escola não só é inadequada hoje em dia, mas, de diferentes ângulos, é, com muita frequência, prejudicial. Não é de se admirar que mais da metade dos alunos abandonem a escola tão logo a lei permita. Não é de se admirar, também, que, infelizmente, muitos adultos sejam indiferentes às suas responsabilidades de cidadão. Diante de tal situação, o pensamento dominante parece ser o de achar que as coisas são como são.

Dessas variadas considerações, um novo tipo de escola encontra mais razões para existir. A falta de precisão observada em seus procedimentos é resultado do esforço para introduzir mais vida, mais experiência real, mais prática de autocontrole. Conforme as regras de aprendizagem já discutidas, autocontrole do tipo que se faz necessário em uma democracia só pode ser aprendido pela prática do autocontrole em situação semelhante no mundo democrático real. Assim, a escola tenta se tornar mais democrática em sua administração, a fim de desenvolver seus alunos, mas também de proporcionar oportunidades para a prática do autocontrole e de outras virtudes sociais. Por essa razão, as melhores escolas favorecem a participação dos alunos e desejam que eles desenvolvam um trabalho ativo e com propósitos definidos. Em outras palavras, se olharmos além da superfície para esse novo conceito de educação, não veremos atitudes permissivas, mas sim um esforço muito sério para colocar em funcionamento o melhor que conhecemos do caráter construtivo. Isso não significa "suavidade", mas pensamento consciente acompanhado do conhecimento científico acessível como forma de aprendizagem. O que queremos, sob essas circunstâncias, é contemplar os dois lados: da situação apresentada e das demandas; do mundo dentro e fora da escola, e entender o que a escola deve ser e fazer para atender às demandas sociais que lhe são feitas. Nesse contexto, as regras de aprendizagem devem, certamente, assumir o controle. É o aprendizado o que buscamos – novas e melhores formas de comportamentos – e o aprendizado só é possível em conformidade com as regras já observadas. As novas escolas já estão alcançando resultados melhores. Possivelmente, o estudo que desenvolvemos aqui poderá ajudar tanto a escola como o público em geral. Se pudermos ter uma visão mais clara dos objetivos da escola, ela terá melhores condições de se preparar para alcançar esses objetivos. Ao mesmo tempo, as pessoas em geral poderão entender o porquê do movimento de mudança na escola e, entendendo o porquê, poderão ajudá-la ainda mais. É, portanto, compreensão e entendimento o que todos nós devemos buscar.

As demandas atuais em relação à escola

Antes de olhar mais de perto os procedimentos da escola, é interessante, mesmo correndo o risco de ser repetitivo, reunir os elementos do nosso problema, até agora vistos de forma isolada. Enfrentamos, como nunca antes, um futuro desconhecido e em constante mudança. Isso exige que nossas crianças possam se adaptar a situações que nós, professores, só podemos prever de forma parcial. Isso, por sua vez, significa a importância de um novo e diferente tipo de aprendizado, sem respostas fixas como foi até agora, mas com um método eficaz para abordar essas novas situações. Além disso, devemos, por fim, tornar nossos alunos capazes de mudar a si mesmos de maneira como nunca foi possível para outras gerações. Qualquer esforço de nossa parte para forçar nossos alunos a trilharem os caminhos que escolhemos será como deixá-los de mãos amarradas, o mesmo que aprisionar suas mentes, juntamente no momento em que mais precisam de mentes livres. Talvez estejamos preparados para lhes dar essa liberdade no que diz respeito ao aprendizado das coisas práticas da vida como a profissão e os hábitos domésticos, mas, em se tratando de formas de pensar e conceitos morais, religião, filosofia – nesses domínios nós hesitamos e recuamos. Fiéis ao, até então, todo poderoso aristotelismo, achamos que essas coisas da mente e do espírito nunca mudam. Mas o fato é que agora estão mudando diante de nossos olhos. Como já vimos, a ética autoritária, em particular, já não satisfaz. Primeiro os pais, parcial e timidamente, desistiram dessa ética e, atualmente, nossa juventude, com mais ousadia e de forma mais ampla, afasta-se dela. Daqui por diante, o único conceito moral no qual podemos confiar é o que tem como base um porquê justificável que funcione na vida social real. Isso nos dá não só a capacidade de ensinar tal conceito moral para uma juventude curiosa, mas fornece também a melhor base que conhecemos para desenvolver princípios éticos e morais capazes de resistir ao teste da mudança. A escola deve aceitar essas demandas como fundamentais.

Paralelas a essas questões fundamentais, surgem outras emergenciais de natureza similar. A pressão social se apresenta como a maior de que já tivemos conhecimento. As crescentes dimensões e abrangência, bem como o correlativo aumento da especialização exigem, por um lado, uma perspectiva social mais nítida e ampla e, por outro lado, caráter e conceitos morais suficientemente fortes para suportar a pressão dessa realidade de grandeza ampliada. A democracia exige um respeito à personalidade e o desejo de cooperar para o bem comum – ambas qualidades que, por alguma razão, estão cada vez mais difíceis de desenvolver. Dessa forma, a escola, de uma forma e em um nível até agora não conhecidos, deve buscar trabalhar uma força de caráter social e dinâmica.

Em detalhes mais específicos, através de um estudo apropriado da sociedade – seus modos e seus recursos – devemos olhar para o futuro da forma mais ampla possível a fim de conhecermos os seus problemas. Essa prática deve permear nosso currículo. Embora não possamos conhecer os detalhes precisos dos problemas sociais futuros – e para a educação isso seria muito importante – podemos, dentro dos limites, prever que certos problemas ainda não resolvidos vão exigir uma solução. Isso, levando em consideração a idade e o interesse dos alunos, fornecerá excelente conteúdo para o tipo de estudo exigido para ensinar a lidar com um futuro desconhecido. Métodos para abordar esse futuro mutável podem ser desenvolvidos e aprendidos. O fato dos professores não possuírem a resposta para todas as perguntas vai ajudar, e não prejudicar, o trabalho. A questão que envolve o "certo" e o "errado" no ambiente escolar pode muito bem receber uma atenção agora que foi há muito adiada. O interesse investido nessa questão é muito mais uma razão para o desenvolvimento de seu estudo do que um argumento contra ele, mas essa oposição ilustra as dificuldades que emergem tão logo passamos a levar a educação a sério. O povo americano, se não nos desintegrarmos pela incapacidade de crescer com unidade, deve aprender, posto que até agora ainda não aprendeu, a tolerar a discussão de questões controversas. É preciso entender o quanto isso é antiético e socialmente prejudicial, estreitando as mentes mais jovens e fechando seus olhos para os males sociais. Na medida em que planejamos um mundo melhor, lidar com o antigo é difícil; no entanto, os problemas sociais futuros nos fornecem o melhor conteúdo intelectual que podemos encontrar para trabalhar com os jovens.

Se alguns perguntarem como, com um currículo já tão repleto de conteúdo, encontraremos tempo para um estudo extensivo dos problemas sociais como o aqui exigido, a resposta é clara: livre a escola de conteúdos mortos. Entre os que realmente estão em contato com o pensamento educacional atual é crescente a opinião de que o currículo vigente permanece como está não porque seja justificável, mas porque não asseguramos um material viável para substituí-lo. Para a maioria dos alunos, assim como aconteceu com o grego e o latim, alguns outros conteúdos poderiam ser descartados. Ainda na opinião dos alunos, o mesmo acontece com grande parte do conteúdo da matemática. Por sua vez, parte do conteúdo atual da história deveria dar lugar ao estudo dos problemas sociais (que podem ensinar muito mais sobre história do que os conteúdos propostos atualmente). As línguas estrangeiras modernas podem ser defendidas pela maioria dos que as estão estudando. No que diz respeito ao inglês e a ciências, seus conteúdos precisam ser repensados e não totalmente rejeitados. Falar assim em termos de disciplinas não deve implicar que a disciplina isolada seja a melhor unidade de ensino. Essa questão é discutível e deve ser considerada mais adiante. Porém, encontrar tempo para os estudos sociais não é, na verdade, um problema. Há tempo em abundância.

O tipo de escola de que precisamos

Quando consideramos o tipo de escola exigida, três coisas se destacam. Primeiro, deve ser uma escola de vida, de experiências reais. Nenhuma outra poderia oferecer as condições de aprendizagem necessárias. Segundo, ela deve ser um lugar em que os alunos são ativos; onde os alunos possam se relacionar formando uma unidade característica do processo de aprendizagem, pois a atividade planejada é uma unidade típica de uma rica vivência, onde quer que seja vivida. Terceiro, é preciso ter professores que, por um lado, gostem de crianças, que reconheçam que o crescimento só pode ocorrer através da atividade progressiva do aluno e que, por outro lado, acompanhar e saber que o crescimento só está acontecendo quando conduz a um controle cada vez mais eficaz – quem sabe que o crescimento, entendido aqui como capacidade de controle, só acontece eficazmente quando modos mais adequados e melhores de comportamento são, de fato, progressivamente adquiridos e, da mesma forma, sabem que, para tanto, a experiência e o acúmulo de conhecimento são um tesouro inestimável e uma fonte de abastecimento, nem acabados e nem perfeitos, mas ainda disponíveis para uso ilimitado.

Experiências ativas e associadas na escola

Já discutimos o papel da escola como um lugar para experiências reais. Isso não significa, como alguns poderiam pensar, que outras experiências deveriam ser deixadas de lado. Longe disso. Seria extremamente negativo um programa pedagógico aparentemente fantástico, mas que fosse impossível de realizar. A experiência acumulada, então, envolve e permeia nossa vida de forma que, se é que é possível, torna-se mais penetrante do que o ar que respiramos. Estar em casa; vestir a roupa; sentar em uma cadeira; beber e comer, falar – qualquer uma dessas ações seria impossível, como forma de substituição, sem a contribuição de outras experiências. De fato, as experiências se tornam valiosas quando somos capazes de usar e adaptar essa espécie forjada de modos e meios de comportamento que vivenciamos com tal experiência. E nisso não há dificuldade? Há uma dificuldade. Talvez algumas palavras sobre o significado da experiência possam ajudar a esclarecer. Geralmente, pensamos em experiência que consiste apenas do que ela provoca de forma imediata como, por exemplo, a queimadura ao se arriscar com o fogo. Esse lado passivo é o presente, mas não é tudo e, para o propósito da aprendizagem, não é nem a parte mais importante. O que realmente conta é o que fazemos ativamente por reação ou, melhor ainda, por iniciativa criativa. A experiência, amplamente considerada, consiste tanto em um lado passivo como em um ativo. Ambos são necessários e aprendemos com os dois. Porém, é com o lado positivo que alcançamos o nível mais alto de experimentação e vamos além das plantas e dos animais. O tipo mais elevado de experiência é aquele que mais tem a participação do indivíduo. Desse tipo de experiência, muitas vezes dizemos que o impulso para a ação vem "de dentro". A questão é um pouco complicada. Quando olhamos para a situação de forma ampla, fica difícil dizer se a primeira atitude a se manifestar é a interna ou a externa. Às vezes uma determinada necessidade é vista de forma inusitada e nos impulsiona a uma ação. Outras vezes, um anseio profundo por um mundo melhor, como um apelo espiritual, nos leva a sentir algumas necessidades específicas. Tais anseios podem, em alguma medida, tornar-nos sensíveis ao apelo da situação e, em tal caso, o estímulo para a ação imediata é sentido apenas como uma inspiração antecedente que nos prepara para sentir aquele estímulo específico dentre os milhares de estímulos possíveis. É esse lado ativo da experiência, geralmente menosprezado, que aqui se destaca. À medida que o caráter se constrói, esse tipo de experiência se torna cada vez mais abrangente, e a pessoa com essa formação de caráter possuirá, por sua vez, autocontrole – ela é a razão da experiência, por isso ganha liberdade; ela é menos suscetível às circunstâncias; fará mais uso de experiências similares, porém usará o que aprendeu com outras experiências para fins relacionados a propósitos voltados para seus próprios desejos e sentimentos. Assim procedendo, haverá muito mais adaptação do que adoção direta. É a esse lado prático e ativo da experiência que estamos nos referindo. É somente com a prática que esse aspecto da experiência se desenvolverá. Na educação apropriadamente concebida, o uso crescente de tal experiência é tanto fim quanto meio. É, portanto, essa experiência ativa que a escola deve proporcionar.

O social vivenciado na escola

Acima de tudo, a experiência deve ser social. Sem a qualidade social, a experiência certamente será pobre e estreita. Primeiro devemos pensar na experiência social de e com nossos companheiros. Na boa escola, os alunos compartilham experiências; juntam-se em uma atividade com propósito pedagógico; às vezes sentem o choque entre propósitos opostos, mas, na maioria das vezes, compartilham objetivos comuns. No dar e receber das experiências diretas com outros, o grupo menor, em seu primeiro contato, vivencia a mais preciosa das possibilidades educacionais; a base para todas as outras. A partir dela, a vida se estende em várias direções. Em seguida, temos o grande grupo em que uns não veem e não falam com os outros com frequência. Nesse caso, os ajustes são, como já vimos, um dos piores problemas a serem enfrentados pela sociedade. Para que esses ajustes sejam feitos da melhor forma possível, devemos estimular o contato em pequenos grupos para ampliá-los gradualmente para contextos mais amplos. Muitas conexões serão necessárias. Alunos representantes de uma classe devem cooperar com grupos maiores visitando, mandando mensagens, trabalhando junto e sempre levando e trazendo informações. Muito cuidado deve ser tomado para que a experiência propicie um crescimento realmente amplo e que não aconteça muito rápido ou em saltos. O crescimento, no contexto aqui contemplado, é geralmente mais lento do que imaginamos. Outro alcance da experiência de pequenos grupos é a ampla cultura contida em livros e instituições. Aqui, a abordagem natural é através das atividades compartilhadas pelo grupo do aluno. Para obter o sucesso necessário, como já vimos, é preciso lançar mão da sabedoria adquirida em outras experiências. Se for preciso construir um castelo, onde os alunos podem encontrar informações de como é um castelo por dentro e por fora? Em que fontes encontrarão essas informações? Aqui, novamente, o resultado é alcançado gradativamente, sem rapidez ou precisão. Na medida em que os alunos precisam buscar e encontrar, o sucesso nessa tarefa fixará o hábito de novamente buscar quando a necessidade surgir. Conforme o exemplo dado por Platão, como cachorros farejando a caça, é preciso manter nossos alunos sempre motivados e ativos. Quando impomos nossas ideias aos nossos alunos em um ritmo muito rápido para ser assimilado, o que estamos oferecendo é uma oportunidade de indigestão e não de crescimento. Dessa indigestão origina-se a aversão por determinadas matérias que costumamos identificar em nossos alunos. Não há por que temer que, adotando o método aqui defendido, alguns conteúdos tradicionais sejam menosprezados. Muito pelo contrário. Na opinião dos que adotaram tal método, os resultados alcançados ao trabalhar os conteúdos e matérias tradicionais são mais ricos, no sentido mais amplo do termo, do que quando eram adotados métodos mais tradicionais. A promessa, no caso desse novo método, é um uso ainda mais amplo desses conteúdos. É evidente que essas novas formas de trabalhar os conteúdos escolares não obedecerão aos limites estipulados pelos "muros da lógica" que separam e departamentalizam as disciplinas escolares. Imaginemos alguns garotos construindo um castelo de concreto. É arte o que eles estão estudando? Sim, o "projeto" começou com um professor de "arte" bastante flexível e aberto a novas propostas. Mas eles não estariam também estudando história – conflitos, lutas e guerras? Não poderiam também estar estudando química, física ou qualquer outra ciência ou tecnologia que tenha a ver com a composição do concreto? Da mesma forma, poderiam estar estudando português na medida em que, no dia da apresentação do trabalho, deverão explicar oralmente e produzir um texto escrito sobre tudo o que fizeram. E por que não dizer que estariam trabalhando aspectos sociais e psicológicos de seu caráter? Nesse tipo de trabalho, é preciso conciliar diferenças e, ao mesmo tempo, desenvolver a capacidade de persistir diante dos fracassos em suas tentativas, aprimorando, assim, os seus valores morais. De fato, não são apenas os aspectos sociais e psicológicos que podem estar sendo trabalhados, pois, durante a execução do projeto do castelo, os alunos deverão estudar a importância do castelo em um período caracterizado por grandes conflitos em que a ganância privada teve, finalmente, que ceder à lei e à ordem. Muito mais pode ser aprendido além do que já citamos. E quanto às disciplinas escolares, como elas são organizadas nesse tipo de atividade? O que é aprendido nas mais diversas situações da vida deve, por fim, ser somado aos conteúdos oficiais do currículo a fim de formar um todo que, por sua vez, possa ser explorado por diferentes disciplinas – devemos garantir que isso aconteça, independente das preferências pessoais, e melhores resultados serão, certamente, alcançados. Nem todos procedem dessa maneira. Porém, no início, o aprendizado obedece muito mais ao curso natural das situações práticas da vida do que a imposição dos planejamentos das disciplinas. E assim deve ser. Devemos ter consciência disso e, assim, buscar administrar o processo de ensino-aprendizagem.

Educação a partir das atividades dos alunos

Vimos, através de diferentes pontos de vista, que a participação ativa e a motivação dos alunos devem ser a unidade fundamental do processo de aprendizagem. É preciso considerar que, assim, não só as condições de aprendizagem, mas também as características socialmente necessárias são, dessa forma, melhor construídas. Vimos o quanto a intenção e a atitude são determinantes no aprendizado e que essas qualidades são mais bem aproveitadas quando os alunos participam ativamente de todo o processo, fazendo com que eles se sintam envolvidos nas atividades e aceitem a responsabilidade pelas ações que lhes cabem. Certamente, todo professor sabe que essa é uma condição mais fácil de idealizar do que de concretizar. As condições de aprendizagem são alcançadas e um sentido ativo de responsabilidade acerca da questão abordada é construído na mesma medida em que se consegue motivar e incentivar a participação do aluno no processo de aprendizagem. É importante que se dê especial atenção para o fato de que, da mesma forma como na vida cotidiana temos atividades planejadas, também na escola essas atividades aparecem como exemplos valiosos da própria vida. Um exemplo da vida; uma ilustração verdadeira da vida real. E como esses exemplos são ricos em possibilidades! Desenvolver uma proposta que seja realmente difícil de ser aceita pedagogicamente é, definitivamente, ter que enfrentar situações éticas reais. "Afinal, isso realmente vale a pena ou devo desistir e buscar outro caminho?" Nesse contexto, qualquer decisão feita cuidadosamente e conscientemente acatada significa um avanço ético. Nesse processo, constrói-se a força moral. Sendo essa uma proposta em conjunto – que deveria ser característica, principalmente da escola fundamental, mas não somente – é esperado que ocorra certo estresse social. Qualquer tipo de união de forma mais inteligente em prol do trabalho em conjunto significa, eticamente, um passo à frente. Aceitar a responsabilidade é a única alternativa possível para que se possa crescer no exercício da responsabilidade. Dessas diferentes maneiras, esperamos construir o forte caráter que se faz necessário.

Nesse novo mundo em processo de mudança, mais do que qualquer outra coisa, precisamos de reflexão, pensamento e ideias. Os alunos são direcionados para atividades que propiciem o desenvolvimento da reflexão, a fim de exercitá-la e testá-la ao máximo. Em cada estágio da atividade, o pensamento e a reflexão se fazem necessários e, através da reflexão, cada estágio adquire uma direção inerente. Diante disso tudo, os pensamentos unem-se uns aos outros e se organizam para, posteriormente, serem utilizados em novas experiências com todos os seus pontos positivos e negativos; seus fracassos, bem como seus sucessos. Refletir é, portanto, tecido na urdidura da trama da vida e da personalidade dos alunos. Além disso, o interesse que os alunos sentem pelas atividades propostas, sob condições normais, fará com que eles estejam atentos durante todo o processo de aprendizagem – refiro-me aqui às importantes atitudes concomitantes que discutimos previamente. Interesse e esforço por parte dos alunos resulta em um sucesso razoável, com cooperação apropriada e orientação por parte da escola e dos professores, além da expectativa de que os alunos apresentem uma atitude positiva em relação às próprias atividades propostas, à escola, aos professores, ao estudo e ao esforço e em relação a eles mesmos como capazes de trabalhar ativamente em todas as etapas do processo. Podemos resumir tudo o que foi visto até aqui dizendo que haverá probabilidade de sucesso, considerando os bons efeitos que o sucesso traz; serão atendidas as condições para que o aprendizado seja alcançado e a organização apropriada do trabalho alcançará resultados positivos na medida em que o fato de estarem ativamente interessados leve os alunos a se comprometerem com atividades suficientemente educativas, nem tão fáceis e nem tão difíceis. Tudo isso é, de forma consciente e definitiva, o oposto a um tipo de educação em que os alunos apenas façam o que se pede. Dessa forma, o contraste entre esses dois tipos extremos de educação não deve ser interpretado como indicativo de que nada de positivo resulta ou poderia resultar do antigo modelo educacional. Ao contrário, são variadas as ações que surgem a todo o momento. Algumas se sustentam em um tipo de trabalho que hoje rejeitamos. Dr. Johnson dizia: "meus professores me castigavam sem piedade, sem que nada eu tivesse feito". Se seu sucesso se deu por causa desse tratamento ou apesar dele, é algo que podemos debater. Não podemos negar que Dr. Johnson alcançou o sucesso. Porém, mesmo reconhecendo as qualidades do que nos precede, devemos defender as regras do tipo de procedimento que nos oferece maior garantia de sucesso. Vemos que a participação ativa dos alunos nas atividades propostas é cada vez maior nas escolas modernas. Esse é um fator que deve ser característico do trabalho nas novas escolas. É isso que constrói o caráter que desejamos. Nenhuma outra base de trabalho contribui tanto para o que a civilização necessita no momento.

O novo lugar dos conteúdos e matérias escolares

O lugar dos conteúdos e matérias na nova escola já foi, pelo menos indiretamente, indicado. Primeiramente, pensamos em conteúdos e matérias como formas de comportamento. A antiga noção era a de que a infância era um período desperdiçado que nós deveríamos aproveitar para a preparação para a vida real posterior que teria início com a fase adulta. A partir dessa noção, as pessoas tentavam propiciar às crianças oportunidade de aprender o que lhes seria necessário mais adiante. Hoje estamos começando a perceber a futilidade de tal procedimento. O melhor uso que se faz da mente humana não é quando a consideramos como um celeiro ou como um lugar próprio para armazenamento. O melhor uso que fazemos da mente é quando a mobilizamos para a condução de ações e para lidar com problemas que requerem nosso esforço e dedicação. Dessa forma, as informações a aprendizados anteriores estarão sempre vivos e ativos. Cada novo problema enfrentado e resolvido coloca o novo e o velho juntos e, assim, vai construindo a mente ao longo do processo. Se esse tipo de procedimento for feito continuamente, haverá crescimento contínuo e, como já vimos, resultará na reconstrução contínua da experiência. Nessa concepção, cada novo item de um conteúdo significante representa um importante passo em direção ao enriquecimento da experiência. Trabalhar os conteúdos na medida em que eles se fazem necessários é, portanto, promover o crescimento. Ao contrário, tentar apresentar os conteúdos antes que sejam necessários é perder a oportunidade de crescimento. É exatamente esse crescimento contínuo que necessitamos neste novo mundo social em constante processo de mudança.

O novo currículo

Dessa forma, estamos diante de uma nova concepção de currículo que consiste em uma sucessão de experiências escolares que melhor proporcionarão e constituirão a reconstrução contínua da experiência. Tal concepção parece a que melhor responde às demandas de nossa civilização dinâmica e em processo constante de mudança. A velha concepção contemplava uma civilização estática e com problemas já resolvidos, cabendo à educação apenas apresentá-los para as novas gerações. Esse currículo foi, na melhor das hipóteses, um arranjo ordenado das soluções encontradas no passado. Aprender era, assim, adquirir essas velhas soluções. Uma aceitação passiva conhecida como "docilidade" – a maior das virtudes da juventude. Porém, agora enfrentamos um futuro desconhecido. Devemos nos preparar de maneira diferente. É o uso e a adaptação do velho em e para novas situações o que devemos destacar. Como professores, devemos nos fazer cada vez menos necessários. O presente deve, honestamente, ter a intenção de ceder a soberania do controle para as novas gerações. As novas concepções de conteúdo e currículo se destinam a suprir tal necessidade. Elas são conscientemente baseadas na nova doutrina da mudança. Nessas concepções, os processos educacionais e da própria vida são cada vez mais direcionados do processo para os objetivos que, por sua vez, são similarmente determinados pelos processos. É a vida se direcionando sob a luz do passado sem, contudo, submeter-se a ele. É a vida usando o presente e o passado como meios para olhar, tão longe quanto possível, para o futuro. Porém, é também a vida vivendo o presente – o único período que pode ser realmente vivido. Para acalmar alguns temores, apressamo-nos em afirmar que viver o presente não significa viver apenas o momento presente. O crescimento, como já vimos, consiste em levar a vida cada vez mais em conta ao tomarmos decisões. Assim, quando falamos em viver no presente, estamos nos referindo a um presente amplo, um presente que, cada vez mais, traz consigo o futuro, como a mãe que traz dentro de si o próprio filho como sendo sua parte mais preciosa. Tal concepção de vida não submete o futuro ao presente, nem o presente ao futuro, mas vê e avalia um como, inevitavelmente, levando ao outro.

Essa é, de fato, uma concepção de currículo muito diferente da que muitos ainda adotam. Esse novo currículo é constituído por experiências. Ele utiliza os conteúdos, mas não é constituído por eles. O antigo currículo era constituído de conteúdos preparados para serem aprendidos a fim de dar conta das demandas. A essência do novo currículo é a criança trabalhando ativamente e que necessita de formas melhores de comportamento para suas experiências presentes. É na busca dessas formas melhores de comportamento que os conteúdos entram. É assim, portanto, que cada nova situação surge sucessivamente. É dessa forma que o mundo em mudança deve lidar com seus problemas. Atualmente, as experiências, embora possam, em alguma medida, serem previstas e direcionadas, no entanto – se forem verdadeiramente educativas – raramente poderão ser totalmente reguladas. Dessa forma, o currículo não pode ser previamente feito com exatidão. O professor deve ter pronto previamente a maioria do que será usado, algumas vezes informações, outras vezes recursos de informações e ainda outros procedimentos específicos disponíveis se a ocasião exigir. Em todos os momentos, o professor terá planos e, a todo instante, estará pronto para direcionar os acontecimentos, mas o objetivo será construído pelos alu-nos. Dessa forma, o professor, no máximo, planejará como os alunos, com o maior autodirecionamento possível, podem alcançar os objetivos com o máximo de recursos e energia. É isso e não a apresentação de toda matéria ou a aquisição de um conteúdo específico que mais tomará o tempo e mobilizará os esforços do professor. Esse currículo oferece grande ajuda para preparar o indivíduo para aqueles dias em que, já adulto, terá que enfrentar os problemas que surgem a partir de um futuro desconhecido. Essa parece ser a única forma de aprender a lidar com esse futuro desconhecido.

Várias ideias foram aqui apresentadas de uma só vez. A existência de um currículo pré-planejado limita tanto o professor quanto os alunos. Em sua forma mais antiga e extremada, esse tipo de currículo se presta admiravelmente à preservação do *status quo* e à construção das respectivas atitudes apropriadas. A autoridade externa era a base; conformismo, a palavra-chave; docilidade, o método. Na escolha dos conteúdos eram excluídas questões polêmicas circulantes (a não ser que isso significasse adotar uma posição e resolver a controvérsia autoritariamente, como frequentemente acontecia com questões religiosas). Os antigos clássicos e a matemática serviam bem ao propósito desse tipo de currículo. Essas mudanças não desempenham nenhum papel importante no presente. Na medida em que conteúdos modernos não podiam mais ser deixados de fora, eles eram tratados mais estruturalmente do que funcionalmente. A antiga "Moral e Cívica" ensinava a constituição e a estrutura do governo, mas tinha pouco ou nada a dizer sobre questões da atualidade. A nova perspectiva é bem diferente. Agora a função é destacada. O trabalho conjunto de professor e alunos na resolução de um problema é, aparentemente, o mais importante empreendimento educativo de toda a escola. O sentimento de aventura coletiva em tal atividade é um estímulo definitivo ao melhor que cada um é capaz de oferecer. Novamente, é nesse contexto que desejamos que o professor e os alunos planejem seu próprio currículo. O currículo passa a pertencer a eles em um novo nível e sentido.

Ao mesmo tempo, é triste que, no momento, alguns pensadores, em alguns aspectos muito modernos, ainda pensem em termos de planejamento prévio de conteúdos tanto para o professor quanto para os alunos, embora estejam muito preocupados com a atualização dos conteúdos contemplados no currículo. Podemos garantir a eles que seu pensamento especializado é inválido em se tratando da seleção mais científica dos problemas mais úteis e do material correspondente. Garantimos também que o professor bem informado e crítico deve fazer uso apropriado do material coletado; porém, não consentimos que a questão se limite ao conteúdo. "Uso apropriado" significa mais do que aceitação dócil. Podemos questionar como esses pensadores, desempenhando a função de professores em suas universidades, se sentiriam dando aulas com base em um currículo que alguns superespecialistas lhes entregaram, devidamente organizado e documentado. Não, o entusiasmo da pesquisa e a responsabilidade da escolha são necessários se esperamos o melhor do processo de ensino-aprendizagem. Deixemos os especialistas educar os professores para que possam pensar melhor. Deixemos também que os especialistas apresentem uma coleção de todo um possível material curricular. Sim, tudo isso é válido. Mas é preciso deixar que os professores sejam pessoas autodeterminadas, cooperando adequadamente no trabalho coletivo. Filósofos, cientistas, professores, alunos – cada um tem o seu papel. Quando certos professores necessitarem de ajuda positiva, o que provavelmente será frequente, ofereçamos a eles o que precisam; porém, devemos saber o que isso realmente significa: uma segunda opção de formação oferecida durante um certo período de tempo àqueles que ainda não estão total e adequadamente preparados. Quanto mais cedo reconhecermos que o professor não é um trabalho braçal, mas sim uma profissão, melhor. Tem muita coisa em jogo. Uma civilização avançada depende muito da educação para permitir que a escola continue como apenas um comércio que tem como base as leis do capital. Ensinar deve ser uma arte maior baseada com liberdade tanto na ciência quanto na filosofia. Somente assim a sociedade poderá ter a certeza da sua perpetuação.

Confiando nos alunos em uma nova educação

E quanto aos alunos – eles são confiáveis? A resposta está em perguntar o que estamos procurando. Queremos definir previamente o que nossas crianças devem ser e pensar; definir as respostas que elas devem dar para seus problemas? Se a resposta for afirmativa, então, nós não confiamos em nossos alunos. Temos que assegurar que, através de uma verdadeira reflexão, eles sejam capazes de encontrar as respostas. Algumas respostas encontradas coincidirão com as nossas próprias respostas. Algumas situações que nos ensinaram, ensinarão a eles também, outras não. Uma mesma situação pode levar a diferentes ensinamentos para pessoas diferentes em momentos diferentes. Mas se estamos dispostos a confiar em uma determinada situação como fonte de aprendizagem e se realmente desejamos que nossas crianças aprendam a pensar e a agir por si mesmas, devemos confiar nelas. É somente praticando a reflexão, a escolha e a responsabilidade pelos resultados que elas podem aprender a refletir, a escolher e a assumir responsabilidades. Devemos, então, lavar as mão e sair completamente de cena? De jeito nenhum. Estamos lidando com personalidades em desenvolvimento. Devemos ajudá-los a se desenvolver. Qual a quantidade de estímulo, sugestão e direcionamento que deveríamos proporcionar?

O quanto puder ser utilizado com inteligência? E quanto é isso? Como poderíamos calcular? O teste é saber o que é realmente aprendido. Se nossas sugestões fizerem com que alguma criança se torne dependente de nós ou que, ao contrário, passem a ter aversão a nós, isso significa que, provavelmente, estamos extrapolando em nossa participação ativa no processo. Deveríamos dar mais liberdade para a criança. Quanta liberdade devemos conceder à criança? O tanto quanto ela puder utilizar com inteligência. E, novamente, o teste é o resultado do processo de aprendizagem. Se a criança está se tornando egoísta e, cada vez mais, toma decisões sem considerar os fatos pertinentes, então, algo está errado. Tudo indica que essa criança não está usando as oportunidades corretamente. Possivelmente não a ajudamos suficientemente ou ajudamos de modo equivocado. Cada caso deve indicar onde está a falha, mas em qualquer situação o teste é o que está sendo aprendido. O professor sábio reconhecerá os sinais. Confiar na criança de modo apropriado é o único caminho para a educação.

E novamente a escola moderna entra em campo. Seu objetivo é construir pessoas com personalidades fortes, com mentes sociabilizadas e com autodeterminação. Para fazer isso, ela tenta confiar na criança. Por que dizer "tenta confiar na criança"? Por que "tenta"? A resposta é que toda educação é experimental. Cada criança normal é tão complexa, tão infinita, que não podemos prever o que ela vai fazer. Somente podemos prever com limites, mas nunca com precisão e certeza. Dessa forma, estabelecemos nossos objetivos para a educação com amplo conhecimento de que estamos lidando com infinitas possibilidades. Chegamos mesmo a estabelecer objetivos contraditórios, ou melhor, objetivos mutuamente corretivos. Queremos construir personalidades fortes que insistirão no que realmente acreditam; queremos, ao mesmo tempo, cooperação em um processo adequado de dar e receber. Mas o quanto queremos de cada coisa? Não há montante ou proporção fixos. Não podemos lidar com questões morais através da matemática. Por variadas razões, o que fazemos na escola não pode ser reduzido a hábitos. Como na vida, tudo deve permanecer experimental. A escola moderna tenta confiar na criança. Com o desenvolvimento do conhecimento e das habilidades, essa confiança vai ficando cada vez maior. Quando pensamos que, há menos de um século, um grupo de quatrocentas crianças eram punidas uma média de sessenta e cinco vezes por dia, concluímos que temos que comemorar nosso progresso. A educação avançou. Aprendemos como confiar mais. No entanto, ainda há muito a ser feito. No momento, a maioria das escolas está longe do que é esperado. Aquilo que esperamos das escolas fica distante de ser alcançado em função do medo sem sentido que muitos ainda sentem. Mais que nunca – uma nova filosofia e uma nova psicologia não podem passar todo o seu tempo conjecturando suas implicações e idealizando seus correlativos procedimentos. Ainda são necessárias muita reflexão e muita experimentação. Na verdade, o processo é permanente. Assim, o que realmente queremos é oportunidade para pensar e experimentar. Se a sociedade precisa da educação – e certamente precisa – o esforço é digno de apoio e vale o custo.

O objetivo em educação

Algumas palavras de despedida. Não podemos ensinar com consistência a menos que saibamos o objetivo. O que é o objetivo? Como a personalidade humana deve ser considerada? Os antigos filósofos encontraram objetivo em uma ou outra finalidade externa. Eles estabeleciam finalidades ou objetivos ou fora da vida como um todo ou, em alguma medida, fora da vida do aluno. O aluno era usado, portanto, como meio para essa finalidade externa. A história mostra que o aluno e a sua vida eram, dessa forma, reduzidos e limitados. A finalidade externa, conforme era para os ascetas ou para os puritanos, poderia ser a vida após a morte. Ou, como para outros, poderia ser a glória do império ou a perpetuação de uma dinastia, de uma doutrina ou de uma casta superior. Em cada um desses exemplos a educação é corrompida e se torna um treinamento para um conjunto pré-planejado de hábitos e atitudes ou um doutrinamento de um sistema de pensamento previamente escolhido, sendo negada a personalidade do indivíduo. Tal objetivo ou procedimento não pode ser permanentemente satisfatório. A humanidade cada vez mais sensível tende a rejeitá-lo. Partindo dessa linha de pensamento, deveríamos ter como objetivo, na medida em que ele for incorporado, a construção de pessoas que sejam capazes e dispostas a pensar e decidir por si mesmas; pensar livremente sem as amarras do preconceito; decidir com generosidade, dando preferência aos ganhos coletivos em detrimento de benefícios e ganhos particulares. O único objetivo que podemos aceitar é aquele que valoriza o indivíduo.

Porém, há ainda um ponto de vista adicional. Escolher e comparar duas coisas diferentes. As duas coisas possuem o mesmo valor ou uma é melhor que a outra? É comum a hesitação. Você pode achar que uma coisa é melhor que a outra, mas seus parâmetros podem estar errados. Sua hesitação se justifica. Você não tem como saber. *Saber* é uma palavra forte. Você pode estar errado. Para começar, considere seus parâmetros atuais como hipóteses. Aplique-os a outras coisas semelhantes. Teste-os historicamente e faça com eles tantos experimentos quanto possível. Convoque outras pessoas para criticar e julgar os resultados obtidos. Mude suas hipóteses tantas vezes quanto os fatos resultantes exijam. Dê continuidade a esse processo, pois, como o mundo, esse processo jamais terá um fim. Seus parâmetros irão – e deveriam – continuar sendo hipóteses. Assim é o mundo em que vivemos – e assim deve ser. Quando os acontecimentos ficam estagnados e assim permanecem por um longo tempo, nós esquecemos com facilidade o caráter hipotético dos nossos mais diferentes parâmetros. Quando as coisas mudam rapidamente, como agora, é fácil perceber como as mudanças dos acontecimentos frequentemente exigem mudanças em nosso pensamento. E nada emerge dessa busca interminável? De forma finalizada e permanente não podemos dizer, mas para cada um de nós, provisoriamente, sim. Na base deste livro está a hipótese de que o processo da vida é bom em alguns aspectos, e pode, através de um esforço de reflexão e pensamento, tornar-se ainda melhor. Cada esforço para torná-lo melhor tem efeito educativo. O objetivo da educação é continuar e enriquecer o processo da vida através de pensamento e ações aprimorados e isso, por sua vez, é também educação. A educação é, assim, na vida e para a vida. Seu objetivo é interno ao processo. Tal objetivo é o único que se adapta a um mundo em desenvolvimento. O desenvolvimento contínuo é sua finalidade e sua essência[8].

A necessidade de uma nova filosofia da educação

Na medida em que enfrentamos um mundo em processo de rápidas mudanças, a filosofia, supõe-se, deve, de alguma forma,

---

8. Cf. DEWEY, J. *Democracy and Education*. [s.l.]: Macmillan, 1916, cap. VI.

ter como base a mudança ou admitir o imponderável como uma força nos acontecimentos da vida. Este pequeno livro é um esforço para esboçar, em parte, uma filosofia da educação a partir desse ponto de vista e voltada para o mundo em mudança na qual vivemos. Um dos objetivos é chamar atenção para certas linhas de pensamento ainda em voga em nosso meio. Entre elas, algumas estão de olhos no futuro, outras voltadas para o passado. Estas últimas mais prejudicam do que nos ajudam na situação presente, sendo restos de um esquema de coisas prévio e estático. Não parece, mas infelizmente é verdade, que o pensamento e os procedimentos da maioria de nossas escolas tradicionais têm como base essa filosofia de mundo antiga e estática. Palavras como aprender, ensinar, estudar, conteúdo, currículo, promoção, livro didático, objetivos, normas e seus respectivos procedimentos geralmente implicam uma perspectiva estática e, assim, prejudicam antecipadamente qualquer discussão em que elas sejam mencionadas. Se essa discussão ajudar a quebrar a permanência dessa tradição sufocante, teremos dado um grande passo a mais. Outras linhas de pensamento e procedimentos em nosso meio já antecipam um tratamento mais adequado da escola. Essas linhas requerem que sejamos mais conscientes de suas justificativas. Sendo mais bem compreendidas, elas podem ser desenvolvidas com inteligência e, assim, com mais eficiência. Se, nesse contexto, a presente discussão puder ajudar, novamente outro passo em frente será dado. A tarefa de reconstrução do pensamento educacional e a conscientização das necessidades atuais são questões de fundamental importância. Somente muito esforço e trabalho coletivos podem garantir a sua realização. Este livro procurou, em uma linguagem que não fosse técnica, fazer com que homens e mulheres comprometidos com a educação possam compreender melhor a razão das mudanças que estão ocorrendo em nossas escolas. Muitos se questionam sobre essas mudanças; outros as temem. Há outros, porém, que fazem pouco caso delas. Para a escola, é perigoso ficar atrasada em relação a uma civilização desenvolvida. A nova escola deve, portanto, ser essencialmente diferente da anterior. Isso custará mais dinheiro, não apenas para a construção de instalações e compra de equipamentos, mas também para a formação continuada dos homens e mulheres que utilizarão essas instalações e esses equipamentos. Prédios e instalações caros estão na moda nos dias atuais e, de certa forma, são fáceis de conseguir. Contudo, o que mais necessitamos e realmente precisamos são cabeças pensantes, educação verdadeira e ética. Para que possamos ter tudo isso, nossa única esperança é uma mudança de filosofia. Para que possamos contar com o apoio da sociedade em geral, é preciso uma mudança de visão que passe a enxergar o caráter essencial de nossa época e sua imperativa necessidade de uma educação melhor. Ainda melhor que o investimento material para convencer homens e mulheres das habilidades necessárias é uma filosofia que liberte a educação de sua submissão interna e permita que seu trabalho seja feito sem empecilhos. A educação sendo livre e com bases fortes pode mostrar para que realmente serve: um suporte estratégico para a construção de uma sociedade melhor. E aqui, mais uma vez, uma mudança de pensamento deve estar na dianteira, abrindo os caminhos.

ÍNDICE

Administração escolar
  - autocrática *versus* democrática 74s.
Agregação
  - demandas em relação à educação 69-71, 100s.
  - tende a prevalecer, a sobrepor 36s.
  - um efeito da industrialização 36s., 68s.
Anarquia entre nações 72s.
Aprendizagem
  - aprendizados associados 97-99, 110s.
  - definição 91
  - regras de 91-93
  - transferência de treinamento 94s.
Aristóteles
  - doutrina da mudança 50s., 80, 100s.
  - origem dos termos 51
  - sua autoridade 25
  - teoria da queda dos corpos 25
Atitudes
  - como construir 97s.
  - necessárias para 82, 89
Autoridade
  - dos pais 43-45, 61s.
  - interna *versus* externa 41s., 77
  - na moral 43-45, 55s., 76-78, 109s.
  - na religião 42-44, 76
  - no governo 41

- no pensamento 41s.
- cf. tb. Moral, Perspectiva, Pais, Religião

Autoritarismo
- definido 40s.
- declínio do 41s., 56, 76-78, 100s.
- efeitos do declínio na educação 76-78
- parte da perspectiva mental modificada 45-47

Bíblia
- como autoridade 42-45
- evolução da 77

Cachorro de Pavlov
- referência em 96

Capital/trabalho
- cf. Questão capital/trabalho

Caráter
- força de
- - cf. Individualidade

César, J. 35

Ciências
- fatores de diferenciação em 24s., 55s.
- tendências na 29s., 56
- cf. tb. Pensamento testado

Comunicação
- crescimento na 23, 35s.

Consequências
- testando através das
- - cf. Pensamento testado

Conteúdos escolares
- diferenciação dos 107s.

Crianças
- cf. Juventude

Criticismo
- tendência ao 32s.

Currículo, mudança na concepção do 112-114
- antigo currículo e dando preferência a um mundo estático 115s.
- conteúdos modificados 102s.
- formalização 57-59
- problemas sociais no 75-79, 101s.
- quando previamente planejado 114-116

Darwin 51s., 80
- *Origem das espécies* 43

Descompasso social
- discussão 52s., 56
- muitas vezes fomentado pela consciência 55, 63, 76s.
- significado para a educação 81s., 86-90

Dewey, J. 121

Disciplina na escola
- velha *versus* nova 85, 87, 119

Educação
- como aquisição de novos modos de comportamento 61s.
- como desenvolvimento 121s.
- demandando uma nova situação 64-66, 80-82, 87-89
- deve reconhecer a mudança 60s., 80-82

- enfrentando um futuro desconhecido 49, 51s., 82s., 89, 100, 102, 113
- inadequação da velha educação 63s., 98-100, 121-123
- não deve usar o doutrinamento 61s., 82s., 100-102, 113s., 117s., 120
- o objetivo na 119-121
- uma nova filosofia necessária 121-123
- cf. tb. Currículo; Escola; Experiência na escola; Juventude; Método; Participação do aluno; Pensamento crítico; Processo educacional

Educação informal
- como conduzir 57s.
- fracasso da 64-66, 82
- mudanças como mudanças de vida 58s.

Eletricidade
- aplicações 28

Ensino da ciência 66-68

Época *versus* juventude 21, 45-47
- cf. tb. Garotas; Juventude; Moral

Equilíbrio social em movimento 54s., 64, 68s., 82s.
- cf. tb. Estabilidade social

Escola
- deve se tornar democrática 74s.
- deve suprir as deficiências da educação informal 65s.
- deve utilizar a experiência 90-92, 103-105
- institucionalização da 59s., 87s.
- mudanças atuais na 60s., 85-87, 99s.
- mudanças necessárias na 24, 98-100, 103-105, 119, 121-123
- necessidade de professores melhores 123
- origem da 57-59

- cf. tb. Currículo; Educação; Educação informal; Método; Participação do aluno

Escola pública inglesa 60

Especialista
- lugar de 116s.

Especialização
- resultado da indústria moderna 68
- suas demandas em relação à educação

Estabilidade social
- ameaçada pela rápida mudança 52-54
- "equilíbrio em movimento" 54s., 64, 68

Experiência na escola
- discussão 66, 82, 90-92, 103-105
- experiência social na 105-107
- experiência vicária 104s.

Experimentação
- cf. Pensamento testado

Família
- como agente educacional
- - cf. Educação informal

Filosofia da educação
- a necessidade de uma nova filosofia 121-123

Filosofia da mudança
- cf. Mudança

Galileu, G.
- arremesso de balas da Torre de Pisa 25s.
- descoberta das manchas solares 42
- princípio da experimentação de 25s., 28, 42

Garotas
- mudando as atitudes das 44s., 78
- cf. tb. Juventude

Gregos 25s., 28, 32s., 50

Guerra
- influência da 23
- natureza da 39

Heráclito
- sobre a mudança 50

Herança social
- lugar na educação 89-91, 104, 106s.

Idade Média
- atitude em relação à mudança 51
- habilidades para a dialética 25

Imprensa editorial
- influência 29s.

Individualidade
- como construir 118s., 120
- necessidade moderna 70s., 89, 101s.

Industrialização
- efeitos 34-36
- - na educação 64-66, 68-70
- - na mudança social 52-54
- resultado do pensamento testado 34, 40
- resultados na agregação 36
- resultados na integração 34
- cf. tb. Agregação; Integração social

Instituições
- como alvo de críticas 32s.

Integração social
- como resultado da industrialização 34-36, 68s.
- demandas em relação à educação 70-72
- influência sobre a história americana 37s.
- influência sobre o nacionalismo 38s., 70-2

Interdependência
- cf. Integração social

Interesses
- necessidade de 68s.

Invenção
- causa da mudança social 48-50, 55
- efeito do pensamento testado 48s.

James, W. 51, 80

Juventude
- a alegada fragilidade moral da 21, 44-46
- deve cada vez mais pensar por si mesma 61s., 82s., 113
- enfrentando um futuro desconhecido 49, 52, 82s., 89, 100, 115
- exigência de explicações em relação às questões morais 44-46, 55s., 78s.
- perspectiva de esperança para 47s., 78s.
- rejeição ao autoritarismo 44-46, 56, 77-79
- cf. tb. Época *versus* juventude; Garotas

Manchas solares
- descoberta 42

Matérias (conteúdos disciplinares)

- nova concepção de 111-113

Mente mundial
- necessidade de 71-73

Método
- confiança no aluno 117-119
- de abordagem 64, 75, 100, 102
- deve se tornar dinâmico 81s.
- iniciativa do aluno 106-108
- participação do aluno 99s., 114-117

Moral
- construindo força na 109
- encontrando padrões na 120s.
- modificando a autoridade na 43-45, 76-78, 89, 100s.
- moralização inteligente 89, 100s.
- nova perspectiva em 79s.

Mudança
- cada vez mais rápida 47-49, 55s.
- efeito na educação 75-77, 79, 121s.
- social 48-50
- suas tendências incertas 21, 23s.
- cf. tb. Industrialização

Mundo moderno
- perspectiva mental modificada do 30, 55s.

Nacionalismo
- inadequação da concepção atual 71-73

Napoleão, B. 35s.

New York Times 36

Newton 31
Nova Orleans
- Batalha de 36

Ogburn, W.F. 53

Pais
- autoridade dos 43-45, 61s., 80s.

Paradigmas
- como construir 120s.
- natureza dos 120s.

Participação do aluno
- como administrar 106-108
- confiança nos alunos 117-119
- o porquê da necessidade 99s., 114s. 116s.

Pensamento crítico
- exigido pelas condições da Modernidade 67-69

Pensamento testado
- aplicações 28s.
- contribuindo para o processo de industrialização 40s.
- introduzido por Galileu 24-26
- modificando a atitude do homem 30-32, 40s.
- na moral 79s., 100s.
- o fator distintivo na Era Moderna 24s., 29, 40s., 56
- pela "matéria" 26s.
- sempre confiável 27s.
- testado pelas consequências 26, 32-34

Perspectiva (mudança mental)
- como efeito do pensamento testado 30-32, 40, 56

Pisa (torre) 25

Platão 107
- desconfiança em relação à matéria 26
- na mudança 49-51

Preparação em educação 112s.
- para condições estáticas 63
- para um mundo desconhecido 52, 62s.

Processo educacional
- autocraticamente concebido 74s.
- ênfase formal à memorização 90
- cf. tb. Aprendizagem; Experiência na escola

Produção industrial
- substituindo o trabalho do indivíduo 23

Professor
- lugar do 114-116
- necessidade de professores melhores 123
- tratamento democrático do 74-76
- cf. tb. Participação do aluno

Propaganda
- perigo da 68

Psicologia
- para a educação 90-93

Questão capital/trabalho 53

Questões controversas
- uso na escola 75s., 102

Relações internacionais
- efeito da integração social 38s.

Religião
- modificando a autoridade na 42-44, 77

Rugg, H. 76

Sofistas 32
Superstições
- modernas 67

Tendência democrática 39s.
- demandas em relação à educação 74-76, 101

Teoria Atômica 27s., 31

Times (de Londres) 36

"Universo sem a tampa" 51, 80

Whitehead, A.N. 26

CULTURAL

Administração – Antropologia – Biografias
Comunicação – Dinâmicas e Jogos
Ecologia e Meio Ambiente – Educação e Pedagogia
Filosofia – História – Letras e Literatura
Obras de referência – Política – Psicologia
Saúde e Nutrição – Serviço Social e Trabalho
Sociologia

CATEQUÉTICO PASTORAL

Catequese – Pastoral
Ensino religioso

REVISTAS

Concilium – Estudos Bíblicos
Grande Sinal – REB

TEOLÓGICO ESPIRITUAL

Biografias – Devocionários – Espiritualidade e Mística
Espiritualidade Mariana – Franciscanismo
Autoconhecimento – Liturgia – Obras de referência
Sagrada Escritura e Livros Apócrifos – Teologia

VOZES NOBILIS

Uma linha editorial especial, com importantes autores, alto valor agregado e qualidade superior.

PRODUTOS SAZONAIS

Folhinha do Sagrado Coração de Jesus
Calendário de mesa do Sagrado Coração de Jesus
Agenda do Sagrado Coração de Jesus
Almanaque Santo Antônio – Agendinha
Diário Vozes – Meditações para o dia a dia
Encontro diário com Deus – Guia Litúrgico

VOZES DE BOLSO

Obras clássicas de Ciências Humanas em formato de bolso.

CADASTRE-SE
www.vozes.com.br

EDITORA VOZES LTDA.
Rua Frei Luís, 100 – Centro – Cep 25689-900 – Petrópolis, RJ
Tel.: (24) 2233-9000 – Fax: (24) 2231-4676 – E-mail: vendas@vozes.com.br

UNIDADES NO BRASIL: Belo Horizonte, MG – Brasília, DF – Campinas, SP – Cuiabá, MT
Curitiba, PR – Fortaleza, CE – Goiânia, GO – Juiz de Fora, MG
Manaus, AM – Petrópolis, RJ – Porto Alegre, RS – Recife, PE – Rio de Janeiro, RJ
Salvador, BA – São Paulo, SP